四部要籍選刊・經部　蔣鵬翔 主編

阮刻儀禮注疏

八

〔清〕阮元 校刻

浙江大學出版社

本册目録

儀禮疏卷第四十六

唐朝散大夫行大學博士弘文館學士臣賈公彥等撰

嗣舉奠盥入北面再拜稽首嗣主人將為後者舉猶飲也使嗣子飲奠者將傳重累之者大夫之嗣子不舉奠辟諸侯

（疏）嗣舉至稽首〇注嗣主至諸侯〇釋曰自此盡出復位論嗣子飲奠酌獻之事云嗣主人將為後者不言適而言將為後者欲見無長適立庶子及同宗為後皆是故汎言將為後也云舉猶飲也者非謂訓舉為飲直是嗣子舉而飲之耳云將傳重累之者謂將使為嗣牽累崇敬承重祭祀之事是以使飲之而獻也云大夫之嗣子不舉奠辟諸侯者案文王世子云其登餕獻受爵則以上嗣注云上嗣君之適長子以特牲饋食禮言之受爵謂上嗣舉奠也獻謂舉奠洗爵酌入也餕謂宗人遣舉奠盥祝命之餕也大夫之嗣無此禮辟君也今案少牢無嗣子舉奠之事故此注云辟諸侯士卑不嫌得與人君同故有嗣子舉奠之事也奠者即上文祝酌奠奠於鉶南是也郊特牲云舉斝角詔妥尸鄭注云始入舉奠斝若奠角將祭之祝則詔主人拜安之使之坐尸即至尊之坐或時不

自安則以拜安之天子奠斝諸侯奠角彼鄭注意亦引此特牲祝酌奠于鉶南也

尸執奠進受復位祭酒啐酒尸舉肝舉奠左執觶再拜稽首進受肝復位坐食肝卒觶拜尸備荅拜焉

食肝受尊者賜不敢餘也備猶盡也每拜荅之以尊者與卑者爲禮畧其文耳古文備爲復

【疏】尸執至拜焉○注食肝至爲復○釋曰直言受肝明有鹽是以下記云嗣舉奠佐食設豆鹽是也云食肝受尊者賜不敢餘也者食之當盡以其食若不盡直云嚌之而已此經云食肝明不敢餘也

舉奠洗酌入尸拜受舉奠荅拜尸祭酒啐酒奠之舉奠出復位

啐之者荅其欲酢已也奠之者復神之奠觶嗣齒於子姓凡非主人升降自西階

【疏】舉奠至復位○注啐之至西階○釋曰云啐之者荅其欲酢已也者鄉飲酒鄉射主人獻賓賓皆啐酒洗爵即酢主人此嗣子獻賓賓啐之亦欲酢已故啐之其實無酢也云嗣齒於子姓者姓之言生子之所生謂孫行者今嗣亦孫之流故齒之也云凡非主人升降自西階者案

曲禮云爲人子者升降不由阼階是以雖嗣子亦宜
升降自西階適子孫不升降階故於此摠言凡也　兄弟弟
子洗酌于東方之尊阼階前北面舉觶于長
兄弟如主人酬賓儀弟子後生也〔疏〕兄弟至賓儀○注
弟子後生○釋曰
自此盡乃羞論弟子舉觶將行旅酬之事云如主人酬賓儀
者謂如上文主人酬賓就其階同北面並拜乃飲卒爵拜洗
酌乃西面賓北面拜位故言如此亦然弟子洗觶酌於東方
之尊阼階前東面獻長兄弟長兄弟北面拜受弟子奠于薦
南長兄弟坐取觶還西面拜弟子北面荅拜長兄弟奠于薦
北揖復位若有司徹云兄弟之後生者舉觶於其長長在左
弟子自飲訖升酌降長拜受於其位舉爵者東面荅拜鄭注
云拜受荅拜不北面者儐尸禮殺此不儐尸則拜送皆北面
可知也弟子後生者此即有　宗人告祭脀　脀俎也所告
司徹云兄弟之後生者是也　者衆賓衆兄
弟內賓也獻時設薦俎于其位至此禮又殺告〔疏〕注脀俎
之祭使成禮也其祭皆離肺不言祭豆可知　至可知
○釋曰云告祭脀者謂告衆賓之等知無長賓者以其初得
獻時即祭肺於階上此獻時乃設薦俎于其位故此無長賓

也上及下長兄弟如賓儀則亦獻時祭可知故云宗人所告告衆賓衆兄弟內賓也云獻時設薦俎於其位者得獻時乃薦于堂下及房內之位云至此禮又殺告之祭使成禮也者案上文加爵致爵不及佐食無從殺也此告之祭使成禮是再殺故云又殺也云其祭皆離肺者已於記文解之也云不言祭豆可知者以衆賓言薦俎從設言薦即豆也故云不言祭豆可知

乃羞羞庶羞也下尸胾醢豆而已此所羞者自祝主人至於內賓無內羞

疏乃羞○注羞庶至內羞○釋曰知羞非薦羞者上文受獻時皆設薦俎於其位故知此羞乃是庶羞非薦也云下尸胾醢豆而已者上爲尸佐食羞庶羞四豆設於左鄭注四豆膮炙胾醢此以下薦羞降于尸尸當去膮炙故云胾醢豆而已云此所羞者自祝主人至於內賓者言自祝下及內賓及衆賓兄弟皆在可知又下記云公有司獻次衆賓私臣獻次兄弟則內賓亦及之是以少牢下篇云乃羞庶羞于賓兄弟內賓及私人不儐尸亦云乃羞于賓兄弟內賓及私人辯是也若然少牢與有司徹儐尸與不儐尸庶羞與房中羞皆與尸佐食及祝主人主婦皆同時羞之者彼上下大夫禮尊故得與尸同時羞此士禮卑故不得與尸同也云內羞者以其尸尊尚無內羞況祝卑故無內羞也

賓坐取觶阼階

前北面酬長兄弟長兄弟在右薦南奠觶疏賓坐至在右○注薦南奠觶○釋曰自此盡賓觶于篚論行旅酬之間作止爵之事但此特牲之禮堂下行旅酬無筭爵並在室中者不與旅酬之事上大夫儐尸與旅酬不與無筭爵之事故別使二人舉觶於尸侑尸侑得舉爲旅酬徧及堂下尸與旅酬者以其儐尸在堂禮殺故也若下大夫不儐尸者堂下無旅酬直行無筭爵於堂下而已尸則不與之所以下大夫無旅酬直有無筭爵者以其禮尸於室中辟國君堂下不設尊故無旅酬直行無筭爵而已以其堂上與神靈共尊不得與尸行旅酬故屈之此特牲堂下得旅酬無筭爵並行者以其堂下與神靈別尊故爲加爵禮尸於室中酌上尊堂下旅酬行神惠酌下尊故上大夫及士之祭禮旅酬行無筭爵或行或不皆參差不等也賓酬長兄弟長兄弟在右下文長兄弟酬衆賓長自左受旅如初是賓主相酬主人常在東其同在賓中則受酬者在左若鄉飲酒賓酬主人主人立於賓東主人酬介介立於主人之西其衆賓受介酬者自介右鄭注云尊介使不失故位衆受酬者受自左異其義也賓主相酬各守其位不以尊卑變同類之中受者于左尊右也賓奠觶拜長兄弟荅拜賓

立卒觶酌于其尊東面立長兄弟拜受觶賓北面荅拜揖復位其尊長兄弟尊也此受酬者拜亦北面（疏）注其尊至北面○釋曰以其旅酬無筭爵以飲者酌已尊酬人之時酌彼尊是各自其酒故無筭爵賓弟子及兄弟弟子舉觶於其長各酌于其尊也云此受酬者拜亦北面者以經長兄弟拜受觶不言面位故鄭云受酌者拜亦北面言亦者亦賓北面也

長兄弟西階前北面衆賓長自左受旅如初旅行也受行酬也初賓酬長兄弟長兄弟卒觶酌于其尊西面立受旅者拜受長兄弟北面荅拜揖復位衆賓及衆兄弟交錯以辯皆如初儀交錯猶言東西

爲加爵者作止爵如長兄弟之儀於旅酬之閒言作止爵明禮殺並作（疏）爲加至之儀○注於旅至並作○釋曰前衆賓之長爲加爵如初爵止今還使爲加爵者作止爵也故云如長兄弟之儀

云於旅酬之閒言作止爵明禮殺並作者此決上文賓三獻爵止鄭注云三獻禮成欲神惠之均于室中是以奠而待之故有室中主人主婦致爵訖乃三獻作止爵此衆賓長爲加爵如初爵止鄭注云尸爵止者欲神惠之均于在庭而堂下庭中行旅酬未訖爲加爵者作止爵故鄭注云禮殺並作也

長兄弟酬賓如賓酬兄弟之儀以辯卒受者實觶于篚長兄弟酬賓亦坐取其奠觶此不言交錯以辯賓之酬不言卒受者實觶于篚明其相報禮終於此其文省

疏注長兄至文省○釋曰云長兄弟酬賓亦坐取其奠觶者亦謂亦上賓坐取薦南奠觶此長兄弟所舉奠觶者即上弟子舉觶於其長是也云明其相報禮終於此其文省者以其賓舉奠觶於長兄弟行旅酬盡皆徧長兄弟舉觶於賓行旅酬亦皆徧故云相報禮終言明者嫌其不終所以嫌者嫌其不終所以嫌者賓之酬不言卒受者此不言交錯以辯嫌其不卒不辯其實賓之酬亦卒受者實觶于篚此亦交錯以辯故鄭云文省

賓弟子及兄弟弟子洗各酌于其尊中庭北面西上舉觶於其長奠觶

拜長皆荅拜舉觶者祭卒觶拜長皆荅拜舉觶者洗各酌于其尊復初位長皆拜舉觶者皆奠觶于薦右奠觶進奠之于薦右非神惠也今文曰奠于薦右

疏賓弟至薦右○注奠觶至薦右○釋曰自此盡爵無筭論二觶並行無筭爵之事云奠觶進奠之於薦右非神惠也者案上尊兩壺於阼階東加勺南柄西方亦如之鄭注云爲酬賓及兄弟行神惠至此云非神惠者彼三獻止爵欲得神惠均于室中衆賓長爲加爵止爵者欲神惠均于在庭故止爵行旅酬雖以尸而奠爵待之亦得爲神惠至此別爲無筭爵在下自相勸故得爲非神惠故奠於薦右同於生人飲酒舉者奠於薦右也

長皆執以興舉觶者皆復位荅拜長皆奠觶于其所皆揖其弟子弟子皆復其位復其位者東西面位弟子舉觶於其長所以序長幼教孝弟凡堂下拜亦皆北面

疏長皆至其位○注復其至北面○釋曰云復其位者東西面位者上既言皆復位荅拜此復重云復位則上文

復位復在庭初舉北面位此重言復位者當復東西面位可知云凡堂下拜亦皆北面者前主人酬賓弟子舉於其長行旅酬及無筭爵兄弟弟子賓弟子舉觶皆北面則知凡堂下雖不見面位者皆北面拜可知云凡賓以下至於私人拜受送皆北面故云凡也

爵皆無筭筭數也賓取觶酬兄弟之黨長兄弟取觶酬賓之黨唯己所欲亦交錯以辯無次第之數因今接會使之交恩定好優勸之

利洗散獻于尸酢及祝如初儀降實散于篚利佐食也言利以今進酒也更言獻者以利待尸禮將終宜一進酒嫌於加酒亦當三也不致爵禮又殺也

【疏】○利洗至于篚○注利佐至殺也○釋曰自此盡西序下論佐食獻尸祭祀畢之事云利佐食也言利以今進酒也者利與佐食乃有二名者以上文設俎啓會爾敦之時以黍稷為食故名佐食今進以酒酒所以供養故名利利即養也故鄭云以今進酒也若然少牢名佐食上利執羊俎下利執豕俎者大夫禮文故即兩見其名云更言獻者以利待尸禮將終宜一進酒嫌於加酒亦當三也者此決兄弟長及衆賓長為加爵於尸不言獻今進酒更言獻不言加爵故鄭君解其義意以利事尸禮將終宜一進酒不似長兄弟助宗子祭祀為加爵

衆賓之長助主人祭祀設爲加爵嫌此佐食同彼二者爲加爵故變言獻是以鄭云嫌亦當三也亦者亦上主人獻主婦獻賓長爲三獻也長兄弟爲加爵衆賓長爲加爵通洗散獻尸亦三都并尸飲六士祭事尸禮畢也云不致爵禮又殺也者上文云長兄弟洗觚爲加爵如初儀不及佐食洗致如初無從注云不及佐食無從殺也此又不致故云又殺也

主人出立于戶外西南事尸禮畢祝東面告利成利猶養也供養之禮成不言禮畢於尸閒之嫌

【疏】祝東面告利成○注利猶至之嫌○釋曰少牢云主人出立于阼階上南面祝出立于西階上東面祝告曰利成此尸外告利成彼階上告利成以尊者稍遠於尸若天子諸侯禮畢於堂下告利成故詩楚茨云禮儀既備鍾鼓既戒孝孫徂位工祝致告鄭注云鍾鼓既戒戒諸在廟中者以祭禮畢孝孫往位堂下西面位也祝於是致孝孫之意告尸以利成是尊者告利成遠於尸也云不言禮畢於尸閒之嫌者閒閒暇無事若然禮畢則於尸閒暇無事有發遣尸之嫌故直言利成而已也

尸謖祝前主人降謖起也前猶導也少牢饋食禮曰祝入尸謖主人降立于阼階東西面祝先尸從遂出于廟門前尸之儀士虞禮備矣

【疏】

尸謖至人降。注謖起至備矣。釋曰引少牢者證大夫禮主人立位與士不同又證前尸出廟之事云前尸之儀士虞禮備矣者彼有室中出尸降階出廟前尸之事故云備矣

祝反及主人入復位命佐食徹尸俎俎出于廟門

俎所以載肵俎少牢饋食禮曰有司受歸之

【疏】注俎所至歸之。釋曰引少牢者是少牢下篇有司徹下大夫不賓尸之禮彼云佐食徹尸俎佐食乃出尸俎于廟門外有司受歸之此士禮不儐尸與下大夫同故引以相證也

徹庶羞設于西序下

爲將餕去之庶羞主爲尸非神饌也尚書傳曰宗室有事族人皆侍終日大宗已侍於賓奠然後燕私燕私者何也。已而與族人飲也此徹庶羞置西序下者爲將以燕飲與然則自尸祝至於兄弟之庶羞宗子以與族人燕飲于堂内賓宗婦之庶羞主婦以燕飲於房

【疏】徹庶至序下。注爲將至于房。釋曰知非神饌而云爲尸者以其尸三飯後始薦庶羞故徹之乃餕也凡餕者尸餕鬼神之餘祭者餕尸之餘義取鬼神之惠徧廟中庶羞非鬼神惠故不用也引尚書傳已下者是彼康誥傳文大宗已侍於賓奠者或有作養或有作暮者皆誤以奠爲正也引之者證徹庶羞不入

于房而設於西序下以擬燕故也必知祭有燕者案楚茨詩云鼓鍾送尸下云備言燕私鄭注云祭祀畢歸賓客之俎同姓則留與之燕所以尊賓客親骨肉也其上大夫當日儐尸安有燕故有司徹上大夫云主人退注云反於寢也是無燕私若下大夫不儐尸與此士禮同亦當有燕也云與者以經直言設于序下不言燕疑之引書傳爲證有燕故言與以疑之也云然則自尸祝以下知義如此者以兄弟受獻於堂上主婦内賓受獻於房中尸出之後堂房無事故知燕時男子在堂婦人在房可也

筵對席佐食分簋鉶

爲將餕分之也分簋者分敦黍於會爲有對也敦有虞氏之器也周制士用之變敦言簋容同姓之士得從周制耳祭統曰餕者祭之末也不可不知也是故古之人有言曰善終者如始餕其是已是故古之君子曰尸亦餕鬼神之餘惠術也可以觀政矣

疏 筵對至簋鉶○注爲將至政矣○釋曰自此盡戶外西面論嗣子共長兄弟對餕之事云敦有虞氏之器者禮記明堂位云有虞氏之兩敦上文黍稷之敦是周制士用之云言簋容同姓之士得從周制耳者大夫異姓既用異代之器故少牢特牲皆用敦則同姓之士當同周制用簋故經言分簋是以文王世子鄭注亦云同姓之士緦衰異姓之士疑衰亦同姓與異姓別也引

祭統者證餕是鬼神之惠徧廟中若國君之惠徧境内是可以觀政之事也宗人遣舉奠及長兄弟盥立于西階下東面北上祝命嘗食養者舉奠許諾升入東面長兄弟對之皆坐佐食授舉各一膚命告也士使嗣子及兄弟養其惠不過族親也古文養皆作餕〔疏〕注命告至作餕○釋曰此決下篇少牢二佐食及二賓長餕明惠大及異姓不止族親而已主人西面再拜祝曰養有以也兩養奠舉于俎許諾皆荅拜以讀如何其久也必有以也之以祝告養釋辭以戒之言女養于此當有所以也以先祖有德而享于此祭其坐養其餘亦當以之也少牢饋食禮不戒者非親昵也舊說曰主人拜下養席南〔疏〕注以讀至席南○釋曰云以讀如何其久也必有以也之以者此辭在詩邶風旄丘篇必有以從之者以此經云有以也者以先祖有功德子孫當嗣之而廟食先祖有德亦合享此祭故讀從之也是以彼注亦云我君何以久留於二佐必以衞有功德故也

云其坐餕其餘亦當以之也者亦謂亦似其先祖已上皆爲以爲似者誤也云少牢饋食禮不戒者非親暱也者謂二佐食與二賓長是非親暱也引舊說者以經直言主人西面拜不見其處故引舊說以明下餕席南面

若是者三丁寧戒之皆取舉祭食祭舉乃食祭鉶食舉食乃祭鉶禮殺〈疏〉注食乃祭鉶禮殺○釋曰前正祭之時尸祭鉶嘗之告旨訖佐食爾黍於席上尸始食今餕食乃祭鉶故決之云禮殺故也

卒食主人降洗爵宰贊一爵主人升酌酳上餕上餕拜受爵主人荅拜酳下餕亦如之少牢饋食禮曰贊者洗三爵酌主人受于戶內以授次餕舊說云主人北面授下餕爵〈疏〉注少牢至餕爵○釋曰引少牢者欲見此禮主人亦受于戶內以授次餕引舊說以此經云酳下餕主人面位無文當北面也

主人拜祝曰酳有與也如初儀主人復拜爲戒也與讀如諸侯以禮相與之與言女酳此當有所與也與者與兄弟也既知似先祖之德亦當與女兄弟謂教化之〈疏〉注主人至

化之○釋曰云讀如諸侯以禮相與之與者案禮運云諸侯以禮相與者諸侯會同聘問一德以尊天子言此者戒嗣子與長兄弟及衆兄弟相教化相與以尊先祖之德也兩爵執爵拜答主人也祭酒卒爵拜主人答拜兩甗皆降實爵于篚上甗洗爵升酌酢主人主人拜受爵下甗復兄弟位不復升也上甗即位坐荅拜既授爵戶內乃就坐【疏】注既授至就坐○釋曰以其主人位在戶內下餕席南西面故知上餕授爵於戶內乃就坐主人坐祭卒爵拜上甗荅拜受爵降實于篚主人出立于戶外西面事餕者禮畢祝命徹阼俎豆籩設于東序下命命佐食阼俎主人之俎宗婦不徹豆籩徹禮器各有爲而已設于東序下亦將燕也【疏】祝命至序下○注命命至燕也○釋曰自此盡畢出論徹薦俎改設饌於西北隅爲陽厭之事云祝命徹阼俎者是佐食徹之當徹阼俎之時堂下賓兄弟俎畢出故下文云佐食

徹阼俎堂下俎畢出是也者。然祝命徹阼俎時堂下俎畢出又退在下者欲見先徹室內俎乃徹堂下是以祝命佐食徹阼俎及豆籩又祝自執俎以出又宗婦徹祝豆籩入於房即佐食改饌西北隅是以作經并說室內行事乃到本云上佐食徹阼俎時堂下俎畢出也云命命佐食者此命命使徹阼俎下文云佐食徹俎故知祝命者命佐食也云宗婦不徹豆籩徹禮略各有爲而已者以豆籩宗婦贊設之佐食設俎理應佐食還自徹俎宗婦徹豆籩以徹禮略各自有爲而已故宗婦豆籩今佐食并徹之故云徹禮略也各有爲而已者謂宗婦徹祝俎豆籩佐食徹阼俎豆籩是各自有爲何必依前所設之時也

祝執其俎以出東面于戶西侯告利成少牢下篇曰祝告利成乃執俎以出〔疏〕注侯告至以出。釋曰案有司徹下大夫不儐尸改饌于西北隅訖主人出立于阼階上西面祝執其俎以出立于西階上東面司宮闔牖戶祝告利成乃執俎以出于廟門外有司受歸之彼不儐尸之禮亦與此特牲禮同故引爲證也

宗婦徹祝豆籩入于房徹主婦薦俎宗婦既並徹徹其卑者士虞禮曰祝薦席徹入于房〔疏〕宗婦至薦俎。注宗婦至于房。釋曰宗婦不

徹主人豆籩而徹祝豆籩入房者爲主婦將用之爲燕祝兩豆籩而主婦用之者祝接神尸之類主婦燕姑姊妹及宗女宜行神惠故主人以薦羞幷及祝庶羞燕宗人於堂主婦以祝籩豆用之燕內賓於房是其事也云宗婦既並徹徹其卑者以宗婦不徹主人籩豆而徹祝與主婦是徹其卑者故得並徹引士虞禮者以經自有入房之文注更引士虞禮者有嫌也嫌者以主婦薦俎先在房嫌經入房又爲徹

佐食徹尸薦俎敦設于西北隅几在南厞用筵納一尊佐食闔牖戶降

厞隱也不知神之所在或諸遠人乎尸謖而改饌爲幽闇庶其饗之所以爲厭飫少牢饋食禮曰南面而饋之設此所謂當室之白陽厭也則尸未入之前爲陰厭矣曾子問曰殤不備祭何謂陰厭陽厭也

【疏】注厞隱至厭也○釋曰云不知神之所在或諸遠人乎禮記郊特牲之文彼論正祭與繹祭之事此爲陽厭引之者欲見孝子求神非一處故先爲陰厭後爲陽厭之事也引少牢者見彼大夫禮陽厭南面此士禮東面雖面位不同當室之白則同案曾子問庶殤爲陽厭之事故彼云凡殤與無後者祭於宗子之家當室之白尊於東房是謂陽厭鄭注云當室之白謂西北隅得

戶之明者也凡言厭者謂無尸直厭飫神故鄭云則尸未入之前爲陰厭矣謂祭于奧中不得戶明故名陰厭對尸謖之後改饌於西北隅爲陽厭以向戶明故爲陽厭也引曾子問云殤不備祭何謂陰厭陽厭也彼上文孔子曰有陰厭有陽厭謂宗子有陰厭無陽厭凡殤有陽厭無陰厭曾子言謂殤死陰厭陽厭並有故問孔子孔子引宗子一有陰厭凡殤一有陽厭引之證成人陰厭陽厭並有之義也

祝告利成降出主人降即位宗人告事畢賓出主人送于門外再拜拜送賓也凡去者不荅拜

疏注拜送至荅拜○釋曰云凡去者不荅拜者云凡摠解諸文主人拜送賓皆不荅拜鄭注鄉飲酒云禮有終是也若賓更荅拜是更崇新敬禮故不荅也

佐食徹阼俎堂下俎畢出記俎出節兄弟及衆賓自徹而出唯賓俎有司徹歸之尊賓者

疏注記俎至賓者○釋曰云唯賓俎有司徹歸尸侑之俎不儐尸歸尸俎皆不見歸賓俎鄭所以知歸賓俎者正見賓出主人送於門外再拜明賓不自徹俎主人使歸之若助君祭必自徹其俎鄭注曲禮大夫以下或使人歸之是以孔子世家云魯郊不致燔俎于大夫孔子

不俛晛而行士大夫衆尊賓則使歸之自餘亦自徹而去也

記特牲饋食其服皆朝服玄冠緇帶緇韠於祭服此也皆者謂賓及兄弟筮日筮尸視濯亦玄端至祭而朝服朝服者諸侯之臣與其君日視朝之服大夫以祭今賓兄弟緣孝子欲得嘉賓尊客以事其祖禰故服之緇韠者下大夫之臣夙興主人服如初則固玄端

疏○記特牲至緇韠○注於祭至玄端○釋曰此退玄冠在朝服下者欲令近緇色士冠在朝服上從而正也云皆者謂賓及兄弟筮日筮尸視濯亦玄端者見上經云筮日主人冠玄端子姓兄弟如主人之服有司羣執事如兄弟服筮尸云如求日之儀至於視濯又不見異服故知皆玄端至祭日夙興云主人服如初初即玄端明其餘不如初是朝服可知是以此注云皆者謂賓及兄弟也云朝服者諸侯之臣與其君日視朝之服大夫以祭者案玉藻云諸侯朝服以日視朝下少牢云主人朝服是也緇韠者下大夫之臣者士冠禮云主人玄冠朝服緇帶素韠韠與裳同色此朝服緇韠大夫之臣朝服素韠此緇韠故云下大夫之臣云夙興主人服如初則固玄端引上經者直言皆朝服恐主人亦在其中故引證主人服玄端與兄弟異也

唯尸祝佐食玄

端玄裳黄裳雜裳可也皆爵韠與主人同服周禮士之齊服有玄端素端然則玄裳上士也黄裳中士雜裳下士〈疏〉注與主至下士○釋曰周禮士之齊服有玄端素端司服文引之者欲見士之齊服有一玄端而裳則異故鄭云然則玄裳以下見玄端一而裳有三也彼注云素端者亦謂札荒有所禱請服之於此經無所當而連引之耳若然士冠亦有玄端三等裳而引司服者以此特牲祭祀時彼據齊時四命已上齊祭異冠大夫齊祭同冠故就此祭祀引齊時冠服爲證也

設洗南北以堂深東西當東榮榮屋翼也水在洗東祖天地之左海篚在洗西南順實二爵二觚四觶一角一散順從也言南從統於堂也二爵者爲賓獻爵止主婦當致也二觚長兄弟酬衆賓長爲加爵二人班同宜接並也四觶一酌奠其三長兄弟酬賓卒受者與賓弟子兄弟弟子舉觶於其長禮殺事相接禮器曰貴者獻以爵賤者獻以散尊者舉觶卑者舉角舊說云爵一升觚二升觶三升角四升散五升〈疏〉注順從至五升○釋曰云二爵者爲賓獻爵止主婦當致也者以一爵獻

尸尸奠之未舉又一爵主婦當致者案經主婦致爵於主人婦人不見就堂下洗當於内洗則主婦致爵於主人時不取堂下爵而云主婦當致者謂主婦當受致之時用此爵也云四觶一酌奠其三長兄弟酬賓卒受者與賓弟子兄弟弟子舉觶於其長禮殺事相接者酌奠于鉶南是嗣子雖飲還復神之奠觶也餘有三在主人洗一觶酬賓奠於薦北賓舉奠於薦南此未舉也下篚有二觶在又長兄弟洗觶爲加爵衆賓長元缺起此爲加爵如初爵止此亦未舉也下篚仍有一觶在尸羞之後賓始舉奠觶行旅酬辯卒受者以虛觶奠於下篚還有二觶至爲加爵者作止爵長兄弟亦坐舉其奠觶酬賓如賓酬兄弟之儀以辯卒受者未實觶于篚時賓弟子兄弟弟子洗觶各酌舉觶於其長即用其篚二觶卒受者未奠之故三觶並用也故注云卒受者與賓弟子兄弟弟子舉觶於其長也云禮器曰貴者獻以爵者謂賓長獻尸主人致爵於主婦是也賤者獻以散上利洗散是也尊者舉觶謂若酌奠之及長兄弟酬賓之等是也卑者舉角謂主人獻用角鄭云不用爵者下大夫也則大夫尊用爵士卑用角是也引舊說者爵觚已下升數無正文韓詩雖有升數亦非正經故引舊說爲證

壺棜禁饌于東序南順覆兩壺焉蓋在

也

南明日卒奠冪用綌即位而徹之加勺覆壺者盝瀝水且爲其不宜塵冪用綌以其堅絜禁言棜者祭尚厭飫得與大夫同器不爲神戒也〈疏〉注覆壺至戒也○釋曰未奠不設冪卒奠乃設之故曰卒奠冪用綌云禁言棜者祭尚厭飫得與大夫同器不爲神戒也者器本無名人與作號棜之與禁因物立名是以大夫尊以厭飫爲名士卑以禁戒爲稱復以有足無足立名故禮記注云無足有似於棜或因名云耳但經已有棜字注云世人因名者謂當無世人字也士曰禁由有足以士虞禮云尊于室中兩甒醴酒無禁禁由足生名禮記云大夫用棜士用禁及鄉飲酒鄉射皆非祭禮是以雖大夫去足猶存禁名至祭則去足名爲棜禁不爲神戒也

籩巾以綌也纁裏棗烝栗擇籩有巾者果實之物多皮核優尊者可烝裹之也烝擇互文舊說云纁裏者皆玄被〈疏〉注籩有至玄被○釋曰言多皮核者栗多皮棗多核

鉶芼用苦若薇皆有滑夏葵冬荁苦苦荼也荁堇屬乾之冬滑於葵詩云周原膴膴堇荼如飴今文苦爲芐芐乃地黃非也〈疏〉注苦苦至非也○釋曰云乾之冬滑於葵者以其冬乾用

之不用葵而用苣明知冬則滑於葵也引詩證之詩言堇荼即經苣苦之類也云今文苦爲苄苄乃地黄非也者爾雅釋草云苄地黄非者以其與薇葵等菜爲不類故知非也 棘心匕刻刻若今龍頭 牲爨在廟門外東南魚腊爨在其南皆西面饎爨在西壁饎炊也西壁堂之西牆下舊說云南北直屋梠稷在南〈疏〉注饎炊至在南○釋曰云西壁堂之西牆下者案上經云主婦視饎爨于西堂下適西壁爲之故以舊說辨之也舊說者案爾雅釋宮曰檐謂之樀孫氏云謂室梠周人謂之梠齊人謂之檐謂承檐行材士喪禮銘置于宇西階上鄭注云宇梠是也 肵俎心舌皆去本末午割之實于牲鼎載心立舌縮俎午割從横割之亦勿沒立縮順其牲心舌知食味者欲尸之饗此祭是以進之〈疏〉注午割至進之○釋曰云載心立舌縮俎者少牢云舌皆切本末亦午割勿沒其載于肵横之此言縮俎者彼言横據俎上云爲横此言縮據鄉人爲縮是以少牢云皆進下是也云亦勿沒者亦少牢文謂四面皆鄉中央割之不絶中央少許謂之勿沒也 賓

與長兄弟之薦自東房其餘在東堂東堂東夾之前近南

疏注東堂至近南○釋曰其餘謂衆賓兄弟之薦也

沃尸盥者一人奉槃者東面執匜者西面淳沃執巾者在匜北匜北執匜之北亦西面每事各一人淳沃稍注之今文淳作激○宗人東面取巾振之三南面授尸卒執巾者受宗人代授巾庭長尊尸入主人及賓皆避位出亦如之避位逡遁嗣舉奠佐食設豆鹽肝宜鹽也佐食當事則戶外南面無事則中庭北面當事將有事而未至凡視呼佐食許諾呼猶命也宗人獻與旅齒於衆賓尊庭長齒從其齒幼之次佐食於旅齒於兄弟尊兩壺于房中西墉下南上爲婦人旅也其尊之節亞

西方　疏注爲婦至西方○釋曰先尊東方者亦惠由之也西方雖是賓以其男子故在前設尊此處爲房内婦人設尊故知亞次西方又經云尊兩壺于阼階東又云西方亦如之明其相亞次此房内婦人之尊上文不見者與之於婦人

内賓立于其北東面西上○宗婦北堂東面北上

二者所謂内兄弟内賓姑姊妹也宗婦族人之婦其夫屬于所祭爲子孫或南上或北上宗婦宜統於主婦主婦南面北堂中房而北　疏注二者至而北○釋曰言所謂者上經云主人洗獻内兄弟于房中如獻衆兄弟之儀是也云其夫屬于所祭爲子孫者以其在父行則謂之爲母今言宗婦則其夫屬於所祭死者之子孫之妻皆稱婦也云或南上或北上云内賓姑姊妹賓客之類南上自取曲禮云東鄉西鄉以南方爲上宗婦雖東鄉取統于主婦故北上主婦南面故也云北堂中房而北者謂房中半已北爲北堂也

主婦及内賓宗婦亦旅西面

西面者異於獻也男子獻於堂上旅於堂下婦人獻於南面旅於西面内賓象衆賓宗婦象兄弟其節與其儀依男子也主婦酬内賓之長酌奠於薦左内賓之長坐取奠於右宗婦之娣婦舉觶於其姒婦亦如

之內賓之長坐取奠觶酬宗婦之娰交錯以辯宗婦之娰亦取奠觶酬內賓之長交錯以辯內賓之少者宗婦之娣婦各舉奠於其長並行交錯無筭其拜及飲者皆西面。主婦之東南

疏 注西面至東南○釋曰云西面者異於獻也者以受獻時南面也云男子獻於堂上旅於堂下者見上經云婦人獻於南面旅於西面者見於有司徹云其節與其儀依男子也者謂依上經旅酬及無筭爵早晚行事之節皆依男子也云主婦酬內賓之長酌奠於薦左內賓之長坐取奠于右者此約上經主人洗觶酌于西方之尊西階前酬賓時主人奠觶于薦北賓坐取觶奠觶于薦南是也云宗婦之娣婦舉觶於其娰婦亦如之者此亦約上經兄弟弟子洗酌于東方之尊阼階前北面舉觶于長兄弟如主人酬賓儀是也云內賓之長坐取奠觶酬宗婦之娰交錯以辯者此亦上經正行旅酬節賓坐取觶阼階前北面酬長兄弟云交錯以辯皆如初儀是也云宗婦之娰亦取奠觶酬內賓之長交錯以辯者此亦約旅酬節云長兄弟酬賓如賓酬兄弟之儀以辯卒受者實觶于篚是也云內賓之少者宗婦之娣婦各舉觶於其長者此亦約上經正行無筭爵時云賓弟子及兄弟弟子各酌于其尊舉觶於其長下云爵皆無筭是也云其拜及飲者皆西面主婦之東南者此經云亦旅西面故知其拜受及

拜受飲皆西面又亦旅酬之法飲皆西面知在主婦之東南者以其不背主婦又得邪角相向也

宗婦贊薦者執以坐于戶外授主婦尸卒食而祭饎爨雍爨雍孰肉以尸享祭竈有功也舊說云宗婦祭饎爨亨者祭雍爨用黍肉而已無籩豆俎禮器曰燔燎於爨夫爨者老婦之祭盛於盆尊於瓶（疏）注雍孰至於瓶○釋曰云亨者則周禮亨人之官其職主實鑊水爨亨之事以供外內饔故使之祭饔爨也云用黍肉而已無籩豆俎者亦約禮器云盆瓶知之引禮器者案彼云孔子曰臧文仲焉知禮燔柴於奧鄭注云奧當爲爨字之誤也或作竈禮尸卒食而祭饎爨雍爨也時人以爲祭火神乃燔柴又云夫爨者老婦之祭也盛於盆尊於瓶注云老婦先炊者也盆瓶炊器也明此祭先炊非祭火神燔柴似失之引之者證祭元缺此爨之事也

賓從尸俎出廟門乃反位賓從尸送尸也士之助祭終其事也俎尸俎也賓既送尸復入（疏）注賓從至去之○釋曰反位者宜與主人爲禮乃去之云士之助祭終其事也者謂送尸爲終其事既送尸爲終其事則更無儐尸之禮若上大夫有儐尸者尸出賓不送以其事終於儐尸故也

尸

俎右肩臂臑肫胳正脊一骨橫脊長脅一骨尸俎神俎也士之正祭禮九體貶於大夫有併骨二亦得十一之名合少牢之體數此所謂放而不致者短脅凡俎實之數奇脊無中脅無前貶於尊者不貶正脊不奪正也正脊二骨長脅二骨者將舉於尸尸食未飽不欲空神俎

疏注尸俎至神俎○釋曰云亦得十一之名合少牢之體數者謂少牢正體之數十一若牢並骨并數則十七鄭云此所謂放而不致者致至也所謂禮器彼鄭注云謂若諸侯自山龍以下皆有放象諸侯山龍以下至日月星辰卿大夫又不山龍此士併骨二數乃得十一除此唯九而已亦是放而不至也云凡俎實之數奇者有九有七有五是奇數以其鼎俎奇故實數亦奇而相稱也云脊無中脅無前貶於尊者不貶正脊不奪正也者以少牢大夫禮三脊脅具有此但有二體貶於大夫大夫即尊者也等貶牲體不貶正脊者不奪其正長脅亦不貶者義與正脊同云正脊二骨長脅二骨者將舉於尸尸食未飽不欲空神俎者此脊與脅二骨本爲餕厭飫所設也又次尸尸既舉脊脅而猶有脊脅在既不空神俎義得兩施膚三爲養用二厭飫一也離肺一離猶挫也小而長午割之亦不提心謂之舉肺

疏 離肺一○注離猶至舉肺○釋曰云亦不提心者言亦謂亦少儀云牛羊之肺離而不提心鄭注云提猶絕也捲離之不絕中央少許者是也

刌肺三為尸主人主婦祭今文刌為切

魚十有五魚水物以頭枚數陰中之物取數於月十有五日而盈少牢饋食禮亦云十有五而俎尊卑同此所謂經而等也

疏 注魚水至等也○釋曰云魚水物以頭枚數者對三牲與腊以體數也云取數於月十有五日而盈者案禮運云月三五而盈三五而闕文出於彼也云此所謂經而等者亦所謂禮器彼鄭注云謂若天子以下至士庶人為父母三年是也引之者謂魚數亦尊卑同也

腊如牲骨不但言體以有一骨二骨者

疏 注不但至骨者○釋曰云不但言體以有一骨二骨者若但言體體有九有十一如則不兼二骨者若言牲骨則一骨二骨兼在其中故直言如牲骨也

祝俎髀脡脊二骨脅二骨凡接於神及尸者俎不過牲三體以特牲約加其可併者二亦得奇名少牢饋食禮羊豕各三體

疏 祝俎至二骨○注凡接至三體○釋曰云祝俎直云脅二骨謂代脅也知者以尸俎無脡脊祝則有之尸俎無代脅祝俎有代脅可知云凡接於神及尸者俎不過牲三

體以特牲約加其可併者二亦得奇名者言凡者凡祝佐食賓長長兄弟宗人之等是也接神者謂祝與佐食佐食尸未入爲神設俎御會祝酌奠於鉶南故曰接神也接尸者賓爲三獻長兄弟爲加爵尸盥宗人授巾皆是與尸相接也知皆三體者下佐食俎觳折脊脅也賓骼長兄弟及宗人折其餘如佐食俎故知皆三體也衆賓之長亦有加爵接於尸亦應三體下文但言兄弟及宗人而衆賓長亦在焉可知故下文直云衆賓及衆兄弟皆殽脀注云不備三者賤也則衆賓長爲加爵不在賤限以特牲約加其可併者二骨者是尊祝也佐食也已下卑無加故下注云三體卑者從正是也云少牢饋食禮羊豕各三體者以少牢二牲故祝俎無加者直三體引之以證此特牲約三體之外加其併骨也若然俎實奇數二牲各三體共六體不奇者通腊髀爲七則亦奇數也以其腊既兩髀屬于尻不殊故爲一體也

膚一離

肺一胙俎臂正脊二骨橫脊長脅二骨短脅主人尊欲其體得祝之加數五體又加其可併者二亦得奇名臂左體臂

疏 膚一至短脅○注主人至體臂○釋曰云臂左體臂者以其尸用右不云折明全外主人又云臂明左臂可知脅骨多不嫌得與尸同用右體猶脊然也

膚

一離肺一主婦俎觳折觳後足折。分後右足以爲佐食俎不分左臑折辟大夫妻古文觳皆作穀〈疏〉注觳後至作穀○釋曰云觳後足者案既夕記云明衣裳長及觳鄭注云觳足跗也是觳後足也云分後右足以爲佐食俎者經不云後右足鄭知者以少牢主婦用左臑此士妻辟之○不用左臑用後右足不用後左足左足大卑故知用後右足故○知用後右足故鄭云辟大夫妻也其餘如阼俎餘謂脊脅膚肺佐食俎觳折脊脅三體卑者從正〈疏〉佐食至脊脅○注三體卑者從正○釋曰直云脊脅不定體名欲見得便用之少牢佐食俎設于兩階之閒其俎折一膚鄭注云折者擇取牢正體餘骨折分用之有脊而無薦亦遠下尸是無定體也膚一離肺一賓骼長兄弟及宗人折其餘如佐食俎骼左骼也賓俎全體尊賓不用尊體爲其已甚卑而全之其宜可也長兄弟及宗人折不言所分畧之〈疏〉注骼左至畧之○釋曰知骼是左骼者以其尸用右骼故知賓所用骼是左骼可知也云長兄弟及宗人折不言所分畧之者此決上文主婦俎觳折佐食俎亦名觳折此不言所分故知畧之也衆賓及衆兄弟內賓宗婦若有公有司私臣皆殽脀又略此所折骨直破折餘體可殽者升之俎一而已不備三者賤祭禮接神者貴凡骨有肉曰殽祭統曰凡爲俎者以骨爲主貴者取貴骨賤者取賤骨貴者不重賤者不虛示均也俎者所以明惠之必均也善爲政者如此故曰見政事之均焉公有司亦士之屬命於君者也私臣自己所辟除者

【疏】注又略至除者○釋曰云又略者上文長兄弟及宗人直言折不言所折骨體已是略此又不言折而言殽脀是又略也言此所折骨値有餘體即破之可也云祭禮接神者貴者謂長兄弟及宗人已上俎皆三皆有脅肺以接神及尸貴故三體不止接神尸神象所接尸者亦貴可知自衆賓已下折體而已不接尸神賤無獻故也宗人雖不獻執巾以授尸亦名接尸也引祭統者見貴賤皆有骨示均之義云己所辟除者則府史之等不命於君者也

膚一離肺一公有司門西北面東上獻次衆賓私臣門東北面西上獻次兄弟升受降飮獻在後者賤也祭祀有上事者貴之亦皆與旅

疏 注獻在至與旅。釋曰公有司獻在衆賓後私臣獻在兄弟後故云獻在後者賤也云祭祀有上事者貴之者謂衆賓兄弟次賓之卑得獻衆賓擇取公有司可執事者謂前舉鼎匕載羞從獻衆賓擇取公有司酬爵之屬如此者門外在有司羣執事中入門列在東面爲衆賓餘者在門西位也兄弟雖無上事亦皆在西面位族親故也私臣獻在兄弟後者職賤公有司在衆賓後不執事賤於執事者故曰有上事者貴之宗人獻與旅齒於衆賓則公有司爲之佐食於旅齒於兄弟則私臣之中擇爲賓使爲佐食也是以前文佐食北面立于中庭注云佐食賓佐尸食者是也案前賓得獻薦脯醢設折俎注云公有司設之及獻兄弟薦脅注云私人爲之與二者皆使執事云非執事者以受獻者不得自設俎暫使二者設之非本執事之人然則公有司私臣薦俎皆使徒隸爲之與云皆與旅者上宗人獻旅云齒於衆賓佐食旅齒於兄弟是但言獻次不言旅以宗人佐食約之與旅者亦此二人也若天子諸侯祭祀其位無文此公有司在門西北面東上私臣在門東北面西上天子諸侯祭祀可依此位矣同姓無爵者在阼階前西面北上卿西階前東面北上大夫在門東北面士門西北面旅食在其後少牢下篇云衆賓位在門東北面既獻在西階西南衆賓繼上賓而南天子諸侯之賓其位或依此與案祭統云凡賜爵昭爲一穆爲一昭與昭齒穆與穆齒凡羣有司皆以齒此之謂長幼有序此不見昭穆位者主人衆兄弟非昭穆乎故彼注昭穆猶特牲少牢饋食之禮主人之衆兄弟也羣有司猶衆賓下及執事者君賜之爵謂若酬之是也若其有爵者則以爵序之何故然也案文王世子其在外朝則以官其在宗廟之中則如外朝之位宗人授事以爵以官是不以姓其獻之亦以官故祭統云尸飲五君洗玉爵獻卿尸飲七以瑤爵獻大夫尸飲九以散爵獻士及羣有司皆以齒明尊卑之等是也其酬蓋因此位而昭穆得獻蓋依少牢下篇主人洗升酌獻兄弟阼階上注云兄弟長幼立飲賤不別大夫之賓尊於兄弟又曰辯受爵其位在洗東西面北上升受爵其薦脀設于其位注云先著其位於上乃後云薦脀設于其位明位初在是也此中皆無爵者以此二者差之知無爵者從昭穆有爵者則以官矣鄉釋執事者賓即衆賓無事者公有司私臣注祭統云羣有司猶衆賓下及執事者似衆賓不執事言下及殊卑者指謂公有司私臣是亦得名爲執事言衆賓據尊言謂之不執事者或衆賓中容有不執事者也

儀禮卷第十五 經三千三百單五 注五千五百一十七

儀禮疏卷第四十六

元缺第八葉

第九葉今補

大清嘉慶二十年重
用文選樓藏本校

江西督糧道王賡言廣豐縣知縣阿應鱗栞

儀禮注疏卷四十六挍勘記　阮元撰盧宣旬摘錄

嗣舉奠盥入

舉猶飲也　猶飲陳閩監葛俱誤作飲酒

欲見無長適　通解要義同毛本長適二字倒

獻謂舉奠洗爵酌入也　通解要義同毛本謂作爲

舉奠洗酌入〇尸祭酒啐酒　唐石經徐本通解楊敖同集釋毛本無尸字按集釋無者疑近刻譌脫

此嗣子獻賓賓啐之　兩賓字通解並作尸毛本賓下有皆字通解要義俱無

亦欲酢已　要義同通解毛本酢作酬

故於此揔言凡也　通解要義同毛本無凡字

宗人告祭脀

衆賓衆兄弟內賓也　徐本集釋楊敖同毛本通解兄上無衆字

上又下長兄弟如賓儀　毛本又作文

乃羞

自祝主人至於內賓　毛本祝誤作酌

言自祝下及內賓及衆賓兄弟　通解要義同毛本內賓下無及字

乃羞庶羞于賓兄弟　毛本乃誤作薦

不儐尸　陳本通解要義同毛本儐作殯

云內羞者　毛本通解要義云下有無字

賓坐取觶○長兄弟在右　上三字陳閩葛本俱脫

禮殺故也　陳本通解要義同毛本禮下有後改二字

以其堂上與神靈共尊　通解要義毛本上俱作下與通解要義俱作與毛本作於

禮尸於室中　通解要義同毛本於作與

賓酬長兄弟　毛本酬誤作旅

同類之中　毛本類誤作上

賓奠觶拜○賓立卒觶　毛本卒作于唐石經徐本集釋通解要義楊敖俱作卒○按卒字是

長兄弟西階前北面衆賓長自左受旅　唐石經徐本集釋楊敖同毛本通解無自字

長兄弟酬賓

此長兄弟所舉奠觶者　通解同毛本無弟字

所以嫌者此句下此本誤複嫌其不終所以嫌者八字通解毛本無

賓弟子及兄弟弟子洗○長皆荅拜舉觶者祭卒觶拜長皆荅拜下十一字毛本脫唐石經徐本集釋通解楊敖俱有○各酌于其尊唐石經徐陳閩葛集釋通解楊敖同毛本尊作奠

同於生人飲酒陳本通解要義同毛本生作主

長皆執以興

亦皆北面徐本集釋通解楊敖同毛本皆下有作字

行旅酬及無筭爵通解要義同毛本及作又

爵皆無筭

亦交錯以辯毛本錯誤作醋

利洗散

以利待尸禮將終 待集釋作侍按疏作事

衆賓長爲加爵 通解同毛本無爲字

通洗散獻尸亦三 陳本通解同毛本三作二

主人出立于戶外西南 南集釋敖氏俱作面張氏曰下文有云上賓荅拜受爵降實于篚主人出立于戶外西面此南字亦當爲面從下文○按唐石經亦作南張氏以意改爲面而李氏敖氏從之

祝東面告利成

立于阼階上南面 浦鏜云西誤面

此戶外告利成 毛本利誤作禮

孝孫往位堂下西面位也 通解要義同毛本往作徂

徹庶羞

大宗巳侍於賓奠 張氏曰監本巳誤作已字陸氏曰奠本或作暮或作蓂○按賈疏謂暮蓂皆誤以奠爲正

巳而與族人飲也 巳上集釋有祭字

以其尸三飯後 毛本三誤作及飯要義作飯通解毛本作飲

其上大夫當日儐尸 通解要義同毛本日作曰

是無燕私若 通解要義同毛本若作者屬此句

以兄弟受獻于堂上 通解要義同毛本上作下

筵對席

周制士用之 徐本集釋通解楊氏同毛本之作虞

可以觀政矣　徐陳閩葛集釋通解楊氏同毛本觀作勸

當同周制用籩　周制二字要義重出

主人西面再拜

祝告蕢　告徐本集釋俱作曰通解楊氏毛本作告

言女蕢于此　徐本楊氏同集釋于作乎通解毛本無于字

亦當以之也　疏云亦謂亦似其先祖已上皆爲以爲似者誤也盧文弨云字作以其義爲似陸於經文云以依注音似疏釋此句云謂亦似其先祖下注似先祖之德皆作似字乃復云云似誤殊所不解○按必有以也毛詩作以不作似鄭注禮時未見毛詩此注引詩必作似後人妄據毛詩改之陸釋經有以云以依注音似或如字固已爲騎墻之解矣至賈疏當云已上皆爲似爲以者誤也今本互易二字遂不可通然疏引詩箋爲解亦不合蓋不知鄭氏注禮與箋詩不同而欲强同之轉覺牽涸

我君何以久畱於二佐　浦鏜據原文改二佐爲此乎

已上皆爲以爲似者誤也　說見上陳閩以其作已尤誤

不見其處　通解同毛本處作惠

以明下養席南面　毛本通解無面字

卒食

贊者洗三爵酌　徐本集釋通解楊敖同毛本無酌字

主人北面授下養爵　集釋楊氏同徐本通解下作于

主人坐祭卒爵拜○立于戶外西面　唐石經徐本集釋通解楊敖同毛本外作內

事餕者禮畢　毛本餕誤作人

祝命徹阼俎豆籩

者然祝命徹阼俎時　要義者作若毛本無者字

今佐食并徹之　通解同毛本今作命

祝執其俎以出

乃執俎以出于廟門外　通解同毛本無外字

佐食徹尸薦俎敦

南面而饋之設　徐本要義同集釋通解楊氏毛本而俱作如按古書假借通用後人多改從本字間有一二存者宜仍其舊

當室之白則同　陳閩通解要義同毛本當作堂○按當字是

陰厭陽厭並有　毛本無並字要義並字作具字

孔子引宗子一有陰厭　引陳閩俱作別毛本一作死要義作一下同

祝告利成

拜送賓也　徐本集釋通解要義楊氏同毛本拜作荅

若賓更荅拜　要義無更字

佐食徹阼俎

唯實俎　徐本同集釋通解楊氏毛本實俱作賓張氏曰監本實作賓從監本

孔子不稅冕而行　陳本要義同毛本通解稅作脫

（記）特牲饋食

今賓兄弟　徐本集釋楊氏同通解毛本今作命

士冠在朝服上　要義同毛本服上二字倒陳閩俱脫上字

明其餘不如初　不要義作亦

此緇韠　通解同毛本韠作帶○按韠是也

唯尸祝佐食

然則元裳以下見元端一而裳有三也　陳閩俱無下見二字三陳閩通解俱作三毛本作二

亦謂札荒有所禱請服之　毛本札作禮○按作札與鄭注司服注合後人疑札爲禮之譌遂改爲禮

設洗○東西當東榮　毛本榮誤作營

水在洗東

祖天地之左海　左陳閩監葛通解俱作右集釋作左按右非也

篚在洗西

長兄弟酬衆賓長爲加爵　酬徐本要義楊氏俱作酬集釋作及通解毛本作酌周學健云及監本作酌楊氏儀禮圖作酬並譌推尋文義應作及字爲是

宜接並也　徐本集釋要義楊氏同通解毛本宜作迎

其三長兄弟酬賓卒受者　毛本酬作酌

又長兄弟洗觶爲加爵　通解同毛本又作及

在尸羞之後　尸陳閩通解俱作乃

畢者舉角　通解要義同毛本角作爵

壺棜禁饌于東序○冪用綌　張氏曰經曰冪用綌按注作羃從注○按冪羃之溷已久毛本注亦作冪其不足憑明矣

且爲其不宜塵　且徐本釋文集釋通解楊敖俱作且是也陳閩監葛俱誤作宜毛本作盍

鼏用綌 徐本通解同集釋楊氏毛本鼏俱作冪

籩巾以綌也纁裏 唐石經徐陳集釋通解楊敖同毛本裏作裹按作裹因注文炁裹字而誤

可炁裹之也 裹徐本作裏下同釋文集釋通解楊氏毛本俱作裏按當作裹

鉶芼○夏葵冬荁 荁徐本作萓誤注同

云今文苦爲芐 毛本今誤作經

牲爨在廟門外東南○饎爨在西壁 壁釋文作辟云步歷反又音壁

稷在南 徐陳集釋通解同毛本稷作稯

肵俎

是以進之 毛本進誤作祭

沃尸

今文淳作激陸氏曰激一本作浮劉本作徼音敫○按浮與淳形相似而誤徼者又剪之誤故其字音敫也

尊兩壺于房中西墉下徐陳集釋通解楊敖同石經補缺閩監葛本俱誤作墉毛本作牖

内賓立于其北東面西上徐本同集釋通解要義楊敖毛本西俱作南張氏曰監巾箱杭本西作南從諸本

如獻衆兄弟之儀如陳閩監本要義俱作知

主婦及内賓宗婦

宗婦之娣婦娣釋文作弟云大計反或作娣下弟同

舉觶於其娰婦陸氏曰娰音似本或作似

各舉奠於其長奠集釋作觶與疏合

皆西面主婦之東南　面下集釋敖氏俱有于字　按疏亦脫于字

皆西面主婦之東南者　南陳本作南並與注合毛本作面

尸卒食而祭饎爨雍爨

亨者祭饎爨　亨徐本楊氏俱作亨集釋通解要義俱作亨

尸俎右肩臂臑肫胳

凡俎實之數奇　實徐陳集釋通解楊氏俱作實與此本遂注合毛本作食下同

貶於尊者　徐陳集釋通解楊氏同毛本尊作奠　按疏是尊字

三脊脅具有　通解同毛本具作俱

魚十有五

謂魚數亦尊卑同也　毛本通解謂作諸

祝俎髀脡脊二骨　髀唐石經徐本集釋通解楊敖俱作髀毛本作脾脡閩監葛本俱誤作艇

祝俎直云脊二骨謂代脊也知者以尸俎無脡脊祝則有之尸俎無代脊祝俎有代脊可知　自也知至代脊十八字毛本脫此本有通解無知者二字尸俎無代脊下有祝俎有代脊五字餘與此本同按就此本言之但移祝俎有代脊五字置於尸俎無代脊下而以也字屬上謂代脊爲句則文勢自順通解增刪未當

言凡者　陳閩同毛本言作亦

下佐食俎觳折脊脅也　觳陳閩俱作穀

約三體之外　毛本約下有有字

阼俎

又加其可併者二　徐本集釋楊氏同毛本加作於通解加字在於字下

主人又云臂通解同毛本又作右

主婦俎觳折

折分後右足以爲佐食俎分下要義有也字按疏述注無折字疑此注折下脫分也二字

辟大夫妻古文觳皆作穀張氏曰監本辟誤作臂字下六字毛本脫徐本集釋俱有與此本標目合

注觳後至作觳作穀毛本作夫妻非也

左足大胛故知用後右足故知用後右足故鄭云辟大夫妻也毛本作左足大胛故也脫中間十八字按複句疑衍故知二字

衆賓及衆兄弟

所以明惠之必均也徐本集釋通解要義同毛本無明字

私臣自己所辟除者　按段玉裁云自當是目字此與喪服注私兄弟目其親族也同

執巾以授尸　巾閩本誤作申授毛本作揆通解要義俱作授

公有司門西北面東上

祭祀有上事者貴之　此句下集釋有非執事者四字按注上云獻在後者賤也故此句釋之有事爲貴則無事者賤矣下云亦皆與旅卽承賤者言古人文簡似不必如集釋所增

謂前舉鼎匕載羞從獻衆賓擇取公有司酬爵之屬　匕通解要義俱作匕是也毛本誤作已屬毛本作事陳閩通解要義俱作屬按此句疑有誤一本改作謂執前舉鼎匕載所從燔從加爵之事

及獻兄弟薦脀　毛本及誤作乃

及羣有司皆以齒　毛本羣誤作於

鄉釋執事者貫　鄉釋毛本作鄉擇陳本作鄉擇○按鄉讀曰嚮鄉釋猶言舊解也

儀禮注疏卷四十六挍勘記終

奉新余成教挍

儀禮疏卷第四十七　　儀禮卷第十六

唐朝散大夫行大學博士弘文館學士臣賈公彦等撰

少牢饋食禮第十六〔疏〕少牢饋食禮第十六○鄭目録云諸侯之卿大夫祭其祖禰於廟之禮羊豕曰少牢少牢於五禮屬吉禮大戴第八小戴第十一別録第十六○釋曰鄭知諸侯之卿大夫者曲禮下云大夫以索牛用大牢是天子卿大夫明此用少牢爲諸侯之卿大夫可知賓尸是卿不賓尸爲下大夫爲異也

儀禮　　鄭氏注

少牢饋食之禮禮將祭祀必先擇牲繫于牢而芻之羊豕曰少牢諸侯之卿大夫祭宗廟之牲〔疏〕少牢饋食之禮○注禮將至之牲○釋曰自此盡如初儀論卿大夫祭前十日先筮日之事云禮將祭祀必先擇牲繫于牢而芻之者案周禮地官充人職云掌繫祭祀之牲牷祀五帝則繫于牢芻之三月享先王亦如之注云牢閑也必有閑者防禽獸觸齧養牛羊曰芻三月一時節氣成案楚語諸侯卿大夫等雖不得三月亦皆有養牲之法故

鄭據焉言物之唯據羊若豕則曰豢故地官槀人職云掌豢祭祀之犬樂記亦云豢豕作酒非以爲禍不言豕曰豢文畧也云羊豕曰少牢者對三牲具爲大牢若然豕亦有牢稱故詩公劉云執豕於牢下經云上利升牢心舌注云牢羊豕也是豕亦稱牢也但非一牲即得牢稱一牲即不得牢名故郊特牲與士特牲皆不言牢也

日用丁己

內事用柔日必丁己者取其令名自丁寧自變改皆爲謹敬必先諏此日明日乃筮

〔疏〕日用丁己○注內事至乃筮○釋曰云內事用柔日曲禮文彼云外事以剛日內事以柔日內事謂冠昬祭祀出郊爲外事謂征伐巡守之等若然甲丙戊庚壬爲剛日乙丁己辛癸爲柔日今直言丁己者鄭云取其令名自丁寧自變改皆爲謹敬之義故也云必先諏此日明日乃筮者以其舉事尚朝且不可今日謀日即筮是以此文云日用丁己乃云筮旬有一日是別於後日乃筮也

筮旬有一日

旬十日也以先月下旬之己筮來月上旬之己

〔疏〕筮旬有一日○注旬十至之己○釋曰知旬十日者此云旬有一日以先月下旬之己筮來月上旬之己者除後己之前通前己爲十日十日爲齊後己日則祭若然筮日即齊乃可故下文筮日即云乃戒官不云厥明也鄭直云下旬己上旬己據用己一日而言若用

丁言先月下旬丁筮來月上旬丁若丁巳之外辛乙之等皆然鄭必言來月上旬不用中旬下旬者吉事先近日故也筮於廟門之外主人朝服西面于門東史朝服左執筮右抽上韇兼與筮執之東面受命于主人史家臣主筮事者〈疏〉筮於至主人○注史家至事者○釋曰云主人朝服西面于門東者此爲將筮故西面案下文爲期于廟門外主人門東南面注云主人不西面者大夫尊於諸臣有君道也者彼不爲卜筮之事故主人南面也又主人朝服者爲祭而筮還服祭服是以上篇特牲筮亦服祭服玄端以此而言天子諸侯爲祭卜筮亦服祭服案司服云享先王則衮冕祭義云易抱龜南面天子衮冕北面雖有明知之心必進斷其志焉是爲祭而卜還服祭服則諸侯爲祭卜筮服祭服可知若爲他事卜筮則異於此孝經注云卜筮冠皮弁衣素積百王同之不改易士冠主人朝服注云尊蓍龜之道是也云史家臣主筮事者案雜記大夫士筮亦云史練冠長衣是史主筮事也主人曰孝孫某來日丁亥用薦歲事于皇祖伯某

以某妃配某氏尚饗丁未必亥也直舉一日以言之耳禘于大廟禮曰日用丁亥不得丁亥則己亥辛亥亦用之無則苟有亥焉可也薦進也進歲時之祭事也皇君也伯某且字也大夫或因字爲謚春秋傳曰魯無駭卒請謚與族公命之以字爲展氏是也某仲叔季亦曰仲某叔某季某某某妃某妻也合食曰配某氏若言姜氏子氏也尚庶幾饗歆也

〔疏〕主人至尚饗○注丁未至歆也○釋曰云丁未必亥也直舉一日以言之耳者以日有十辰有十二以五剛日配六陽辰以五柔日配六陰辰若云甲子乙丑之等以日配辰丁日不定故云丁未必亥經云丁亥者不能具載直舉一日以丁當亥而言餘或以己亥或以丁當丑此等皆得用之也云禘于大廟禮曰日用丁亥者大戴禮文引之證祭用丁亥之義也云不得丁亥則己亥辛亥亦用之者鄭云此吉事先近日唯用上旬若上旬之內或不得丁巳以配亥或上旬之內無亥以配日則餘陰辰亦用之故春秋宣八年經書辛巳有事於大廟文二年經書八月丁卯大事于大廟昭十五年經書二月癸酉有事于武宮桓十四年乙亥嘗此等皆不獨用丁巳之日與亥辰也云無則苟有亥焉可也者此即乙亥是也必須亥者筮月令云乃擇元辰天子乃耕注云元辰蓋郊後之吉亥也陰陽式

法亥爲天倉祭祀所以求福宜稼于田故先取亥上旬無亥乃用餘辰也云伯某且字也者以某在伯下若其在子上者某是伯仲叔季以某且字不得在子上故也云大夫或因字爲謚者謂因二十冠而字爲謚知者以某且字者觀德明功若五十字人人皆有非功德之事故知取二十字爲謚也春秋者案隱八年左氏傳云無駭卒羽父請謚與族公問族於衆仲衆仲對曰天子建德因生以賜姓胙之土而命之氏諸侯以字爲謚因以爲族公命以字爲展氏彼無駭之祖公子展以展爲謚在春秋前其孫無駭取以爲族故公命爲展氏若然無駭賜族不賜謚引之者大夫有因字爲謚證伯某某或且字有謚者即某爲謚也此經云伯某是正祭之稱也若時有告請而非常祭祀則去伯直云且字言某甫則聘禮賜饔唯羹飪筮一尸若昭若穆僕爲祝祝曰孝孫某薦嘉禮于皇祖某甫是也若卿大夫無謚正祭與非常祭一皆言五十字在子上與士正祭禮同則云某子故聘禮記云皇考某子是也特牲士禮無謚正祭稱皇考某子若士告請之祭則稱且字故士虞記云適爾皇祖某甫是也

史曰諾西面于門西抽下韇左執筮右兼執韇以擊筮將問吉凶焉故擊之以動其神易曰蓍之德圓

而神〔疏〕史曰至擊筮。注將問至而神。釋曰云史曰諾西面于門西者謂既云諾乃之於門西閾外西面述命乃筮也云左執筮及下云擊筮筮者皆是蓍以其用蓍爲筮因名蓍爲筮云兼執韇者上文已用右手抽上韇此經又用右手抽下韇是二韇兼執之也云易曰蓍之德圓而神者鄭彼注云蓍形圓而可以立變化之數故謂之神也引之者證蓍有神故擊而動之也

遂述命曰假爾大筮有常孝孫某來日丁亥用薦歲事于皇祖伯某以某妃配某氏尚饗述循也重以主人辭告筮也假借也言因蓍之靈以問之常吉凶之占繇〔疏〕遂述至尚饗。注述循至占繇。釋曰云遂述命者史既受主人命乃右還向閾外西面而遂述上主人之辭謂之述命述命誥乃連言曰假爾大筮有常此是即席西面命筮與述命同爲一辭者對士喪禮卜葬日云不述命若述命即與即席西面命龜異異者鄭注云述命命龜異龜重威儀多也對此大夫少牢述命命筮同筮輕威儀少爲文也云常吉凶之占繇者謂應凶告吉應吉告凶則不常此吉凶之占依龜之繇辭繇辭則占龜之長若易之爻辭以占筮也

乃釋韇

立筮卿大夫之蓍長五尺立筮由便〔疏〕乃釋韇立筮。注卿大至由便。釋曰云卿大夫之蓍長五尺者大戴禮三正記皆有此文立筮由便以其蓍長立筮爲便對士之蓍三尺坐筮爲便若然諸侯蓍七尺天子蓍九尺立筮可知

卦者在左坐卦以木卒筮乃書卦于木示主人乃退占卦者史之屬也卦以木者每一爻畫地以識之六爻備書於版史受以示主人退占東面旅占之〔疏〕卦者至退占。注卦者至占之。釋曰云卦者史之屬也者以其筮是史故知卦者是史之屬也云書於版者釋經書卦于木木即版也云史受以示主人者以經書卦是畫卦者恐是卦者以示於主人以卦者卑宜還使筮史受以示主人也

吉則史韇筮史兼執筮與卦以告于主人占曰從從者求吉得吉之言〔疏〕注從者至之言。釋曰以主人之祭本以求吉今以疑而問筮筮而得吉是從主人本心故曰從者是求吉得吉之言也

乃官戒宗人命滌宰命爲酒乃退官戒戒諸官也當共祭祀事者使之具其物且齊也滌溉濯祭

器埽除宗廟〔疏〕乃官至乃退。注官戒至宗廟。釋曰云官戒戒諸官也當共祭祀事者使之具其物且齊也滌溉濯祭器埽除宗廟者此其筮祭日得吉當以崇祭事故知官戒戒諸官有此數事此等皆事見於下文故鄭揔而言也

若不吉則及遠日又筮日如初及至也遠日後丁若後已

〔疏〕若不至如初。注及至至後已。釋曰云遠日後丁若後已者案上曲禮云喪事先遠日吉事先近日近日即上旬丁巳是也若上旬丁巳不吉則至上旬又筮中旬丁巳不吉至中旬又筮下旬丁巳不吉則止不祭以其卜筮不過三也是以鄭云後丁若後已也

宿宿讀爲肅肅進也大夫尊儀益多筮日既戒諸官以齊戒矣至前祭一日又戒以進之使知祭日當來古文宿皆作羞

〔疏〕宿。注宿讀至作羞。釋曰自此盡改筮尸論筮尸宿尸及宿諸官之事云大夫尊儀益多者其大夫宿戒兩有士有宿而無戒是儀畧故云大夫儀多也此直是儀多而云益多者據士尸一宿下文大夫尸再宿是儀益多益多猶云彌多也此云前祭一日又戒以進之使知祭日當來并下文明日朝服筮尸並是前祭一日唯下文前宿一日宿戒尸者是前祭二日以言前宿一日明祭前二日可知也

前宿一

吉日宿戒尸皆肅諸官之日又先肅尸者重所用爲尸者又爲將筮〔疏〕注皆肅至將筮○釋日云皆肅諸官之日者解經宿是肅諸官之日云又先肅尸者撚解經前宿一日宿戒尸謂是肅諸官之日前又先肅尸校一日當祭前二日也云重所用爲尸者肅諸官唯一肅尸有再肅是重所用爲尸者故也云又爲將筮者亦是肅之使知祭日當來故也若然宿與戒前後名不同今合言之者以前有十日之戒後有一日之宿若單言戒嫌同十日若單言宿嫌同一日故宿戒並言明其別也或可此是初戒尸云宿戒尸者故加宿字於戒上也明日朝筮尸如筮日之禮命曰孝孫某來日丁亥用薦歲事于皇祖伯某以某妃配某氏以某之某爲尸尚饗筮卦占如初某之某者字尸父而名尸也字尸父尊鬼神也不前期三日筮尸者大夫下人君祭之朝乃視濯與士異〔疏〕明日至如初○注某之至士異○釋曰云某之某者字尸父而名尸也者案曲禮云父在不爲尸注云爲其失子道然則尸卜筮無父者若然凡爲人尸者父皆死矣死者當諱其名今

對尸故知不稱尸父之名故上某是尸之父字下某爲尸名是生者可稱名是以云字尸父而名尸也云字尸父尊鬼神也者以不稱名是尊鬼神也云不前期三日筮尸者大夫下人君者決上篇特牲士禮云前期三日筮尸此祭前一日筮尸吉遂宿尸不同之事但天子諸侯前期十日卜得吉日則戒諸官散齊至前祭三日卜尸得吉又戒宿諸官使之致齊士卑不嫌故得與人君同三日筮尸但下人君不得散齊七日耳大夫尊不敢與人君同直散齊九日前祭一日筮尸并宿諸官致齊也云祭之朝乃視濯與士異者亦是士卑得與人君同祭前一日視濯大夫尊不敢與人君同故與士異也云與士異亦是下人君下人君亦是與士異互換省文爲義也

吉則乃遂宿尸祝擯

筮吉又遂肅尸重尸也既肅尸乃肅諸官及執事者祝爲擯者尸神象

〔疏〕吉則至祝擯。注筮吉至神象。釋曰云筮吉又遂肅尸重尸也者以其諸官一肅其尸殺已宿記今筮吉又肅再肅者是重尸者也云既肅尸乃肅諸官及執事者此重解上文宿是此宿尸者後事置於上文者彼爲前宿一日宿戒尸之事故云也其實當在此重肅尸之後也云祝爲擯者尸神象者決前筮尸時皆主人出命至此使祝擯以尸是神象故使祝擯也案特牲使宗人擯主人辭又有祝其傳命者上卑不嫌兩有與人君同此大夫尊下人君故闕之唯有視擯而已又此尸不言出門面位案特牲主人宿尸時尸如主人服出門左西面鄭注云不敢南面當尊則大夫之尸尊尸出門徑南面故主人與尸皆不在門東門西也

主人再拜稽首祝告曰孝孫某來日丁亥用薦歲事于皇祖伯某以某妃配某氏敢宿告尸以主人爲此事來肅尸拜許諾主人又再拜稽首主人退尸送揖不拜尸不拜者尸尊〔疏〕注尸不拜者尸尊。釋曰凡賓主之禮賓去主人皆拜送今云尸送揖不拜者以大夫尸尊故也若不吉則遂改筮尸即改筮之不及遠日〔疏〕注即改至遠日。釋曰此決上文筮日不吉筮遠日者以日爲祭祀之本須取丁己之類故須取遠日後旬丁此筮尸不吉不須退至後旬故筮不待遠日也既宿尸反爲期于廟門之外爲期肅諸官而皆至定祭早晏之期爲期亦夕時也言既肅尸反爲期明大夫尊肅尸而已其爲賓及執事者使人肅之〔疏〕既肅至之外。注爲期至肅之。○釋曰自此盡曰諸乃退論宗人請祭期之事云爲期肅諸官而皆至者此即上文宿同時之事以其後宿尸及宿諸官與爲期皆於祭前之日也知爲期亦夕時也者案特牲云厥明夕陳鼎于門外又下文同日夕時而云請期曰羹飪是夕時則此大夫禮爲期亦夕時可知也知大夫尊直肅尸餘使人肅之者以經云宿尸反即云爲期明大夫不自肅賓以下可知故云使人肅之也

主人門東南面

宗人朝服北面曰請祭期主人曰比於子比次早晏在於子也主人不西面者大夫尊於諸官有君道也爲期亦唯尸不來也〔疏〕注比次至來也○釋曰言比次早晏者一日一夜辰有十二冬日夏夜長短不同是以推量比次日辰之早晏也云主人不西面者大夫尊於諸官有君道也者決特牲主人門外西面士卑於屬吏無君道故也云爲期亦唯尸不來也者言亦特牲爲期時賓及衆賓即位于門西時無尸此大夫禮餘賓之等並來亦唯尸不來是以主人南面亦爲無尸也

宗人曰旦明行事主人曰諾乃退旦明旦日質明

明日主人朝服

即位于廟門之外東方南面宰宗人西面北上牲北首東上司馬刲羊司士擊豕宗人告備乃退刲擊皆謂殺之此實既省告備乃殺之文互者省也尚書傳曰羊屬火豕屬水〔疏〕明日至乃退○注刲擊至屬水○釋曰自此盡東榮論視殺視濯之事案特牲視牲與視殺別日今少牢不言視牲直言刲擊告備乃退者省此大夫禮視牲告充即刲擊殺之下人君士卑不嫌故異日矣必知人君視殺別日者大宰職云及執事眡滌濯及納亨贊王牲事注云納亨納牲將告殺謂鄉祭之晨既殺以授亨人又云及祀之日贊玉幣爵之事注云日旦明也是其視牲與殺別日案祭義云君牽牲穆荅君卿大夫序從既入門麗于碑卿大夫袒而毛牛尚耳諸侯禮殺于門內此大夫與特牲士皆殺于門外者辟人君云刲擊皆謂殺之者豕言擊動之使鳴是視牲也羊言刲謂殺之是視殺也大夫視牲視殺同日故互見皆有故鄭云刲擊皆謂殺之又云此實既省告備乃殺之文互者省也者亦是視牲訖即視殺如鄉所解下言告備欲見兼有也云尚書傳曰羊屬火豕屬水者此尚書大傳文引之者解司馬刲羊以其司馬火官還使

刲羊羊屬火故也案周禮鄭注司空奉豕司士乃司馬之屬官今不使司空者諸侯猶兼官大夫又職職相兼況士無官僕隷爲司馬司士兼其職可知故司士擊豕也

雍人概鼎匕俎于雍爨雍爨在門東南北上雍人掌割亨之事者爨竈也在門東南統於主人北上羊豕魚腊皆有竈竈西有鑊凡概者皆陳之而後告絜【疏】注雍人至告絜○釋曰云雍人掌割亨之事者周禮饔人職文云凡概者皆陳之而後告絜者案特牲視濯時皆陳之視訖告絜此亦當然

廩人概甑甗匕與敦于廩爨廩爨在雍爨之北廩人掌米入之藏者甗如甑一孔匕所以匕黍稷者也古文甑爲烝【疏】注廩人至爲烝○釋曰云廩人掌米入之藏者周禮地官廩人職文以其穀入倉人米入廩人故也云甗如甑一孔者案冬官陶人職云甗實二鬴厚半寸脣寸甑實二鬴厚半寸脣寸七穿鄭司農云甗無底甑以其無底故以一孔解之云匕所以匕黍稷者也者上雍人云匕者所以匕肉此廩人所掌米故云匕黍稷也

司宮概豆籩勺爵觚觶几洗篚于東堂下勺

爵觚觶實于篚卒摡饌豆籩與篚于房中放于西方設洗于阼階東南當東榮放猶依也大夫攝官司宮兼掌祭器也〔疏〕司宮至東榮○注放猶至器也○釋曰案特牲云宗人外自西階視壺濯及豆籩反降東北面告濯具鄭注云不言絜以有几席若然彼几席不摡則凡洗篚二者亦不摡而并言之者以其同降于東堂下故繼觚觶連言之其實不摡也云大夫攝官司宮兼掌祭器者下文司宮筵神席於奧此又掌豆籩之等故鄭云攝官案內則鄭注云諸侯兼官者彼對天子天子六卿諸侯三卿兼六卿此則大夫對諸侯諸侯具官大夫攝官也

羹定雍人陳鼎五三鼎在羊鑊之西二鼎在豕鑊之西魚腊從羊膚從豕統於牲〔疏〕羹定至之西○注魚腊至於牲○釋曰自此盡簞巾于西階東論鼎及豆籩盤匜等之事云魚腊從羊膚從豕統於牲者案公食大夫云甸人陳鼎鄭注云甸人冢宰之屬兼亨人者此大夫雍人陳鼎者周禮甸人掌供薪蒸與亨爨聯職相通是以諸侯無亨人故甸人陳鼎此大夫又無甸人故使雍人與亨人聯職

故亨人云職外内饔之爨亨故使饔人也云魚腊從羊膚從豕者上文概鼎時鄭云羊豕魚腊皆有竈今陳鼎宜各當其鑊此三鼎在羊鑊之西二鼎在豕鑊之西故云魚腊從羊膚從豕也其實羊豕魚腊各有鑊也此直有羊豕言皆有鑊前注何知魚腊皆有竈案士虞禮云側亨於廟門外之右東面魚腊爨在廟門外東南魚腊爨在其南士之魚腊皆有爨則大夫魚腊皆有鑊可知故羊豕魚腊皆有竈也

司馬升羊右胖髀不升肩臂臑膞骼正脊一脡脊一橫脊一短脅一正脅一代脅一皆二骨以並腸三胃三舉肺一祭肺三實于一鼎升猶上也上右胖周所貴也髀不升近竅賤也肩臂臑肱骨也膞骼股骨脊從前爲正脅旁中爲正脊先前脅先後屈而反猶器之緈也並併也脊脅骨多六體各取二骨併之以多爲貴舉肺一尸食所先舉也祭肺三爲尸主人主婦古文胉皆作膞髀皆作脾今文並皆爲併

〔疏〕司馬至一鼎○注升猶至爲併○釋曰上十一體言一者見其體也下言皆二骨以並見一體皆有二骨也云脊從前爲正脅旁中爲正脊先

前脅先後屈而反猶器之綠也云先前者正脊先也先後者即短脅是也故特牲記云尸俎正脊二骨橫脊長脅二骨短脅鄭注云脊無中脅無前貶也明代脅取在前也脊先前脅先後者皆取綠屈之義若然脊以前爲正其次名脡御後名橫○者取脡脡然在後言橫者取闕於脡凡名骨皆隨形名之唯言正者以義取稱焉此言綠者指解脊不取脅脅也若尸舉牲體則脅有脅爲綠故鄭注特牲云舉先正脊後脅自上而卻下綠而前終始之次也故尸舉牲體如綠也案下注云外之以尊卑此注云猶器之綠也若綠則不得見尊卑若以尊卑外後不得見綠兩注似乖者凡牲體四支爲貴故先序肩臂臑膊胳爲上是尊然後序脊脅於下是卑次應先言正脊而先言短者又取綠之義也但所序骨體各有宜不可準定也若然既以尊卑外之而祭肺貴序在下者腸胃及肺在內不得與外體爲尊卑之次當以腸內自爲先後之次也云脊脅骨多六體各取二骨併之以多爲貴者此經有臂已下皆言一至十一體之下總言皆二骨知二骨據脊脅骨多六體各取二骨者案特牲記有臂臑肫胳不言二骨至序脊脅即言二骨以並故知此言皆二骨亦據脊脅可知也

司士升豕右胖髀不升肩臂臑膊胳正脊一脡

脊一横脊一短脅一正脅一代脅一皆二骨以並舉肺一祭肺三實于一鼎豕無腸胃君子不食溷腴疏注豕無至溷腴○釋曰云君子不食溷腴禮記少儀文彼注云腴有似於人穢故樂記注去以穀食犬豕曰豢是似人也雍人倫膚九實于一鼎倫擇也膚脅革肉擇之取美者疏注倫擇至美者○釋曰知脅革肉者下文云膚九而俎亦横載革順故知膚者是脅革肉也司士又升魚腊魚十有五而鼎腊一純而鼎腊用麋司士又升副倅者合升左右胖曰純純猶全也疏司士至用麋○注司士至全也○釋曰云司士又升副倅者謂是第三俎其司士與前文司士升豕者別知者以下經云司士三人升魚腊膚則此豕魚腊宜各一人又此升鼎宜俱時明是副倅者非升豕者可知云倅者案諸子職云掌國子之倅鄭云是公卿大夫之副貳則此云倅亦副之別名以其副牲鼎故云副倅也

卒脀皆設扃鼏乃舉陳鼎于廟門之外東方

北面北上北面北上鄉内相隨古文鄉皆爲嚮司宮尊兩甒于房戶之間同棜皆有冪○甒有玄酒房戶之間房西室戶東也棜無足禁者酒戒也大夫去足改名優尊者若不爲之戒然古文甒皆作廡今文冪作冪〔疏〕司宮至玄酒○注房戶至作冪○釋曰云棜無足禁者酒戒也大夫去足改名優尊者若不爲之戒然者此決特牲用棜仍云禁此改名曰棜是優尊者若不爲神戒然鄉飲酒雖是大夫禮猶名斯禁者尋常飲酒異於祭祀也

司宮設罍水于洗東有枓設篚于洗西南肆枓㪺水器也凡設水用罍沃盥用枓禮在此也〔疏〕司宮至南肆○注枓㪺至此也○釋曰云凡設水用罍沃盥用枓禮在此也者言凡揔儀禮一部內用水者皆須罍盛之沃盥水者皆用枓爲之鄭言禮在此者以士冠禮直言水在洗東士昏禮亦直言水在洗東鄉飲酒特牲記亦云然皆不言罍器亦不云有枓其燕禮大射雖云罍水又不言有枓故鄭注揔云凡此等設水用罍沃盥用枓其禮具在此故餘文不具省文之義也

改饌豆籩于房中南面如饋之

設實豆籩之實改更也為實之更之威儀多也如饌之設如其陳之左右也饌設東面

疏改饌至之實○注改更至東面○釋曰前司宮槪豆籩云饌豆籩放於西方今欲實之乃更設豆籩於房中南面如饌之禮東面設然者此大夫禮威儀多決特牲士禮視濯時豆籩鉶在東房至實豆籩時直云豆籩鉶陳於房中如初鄭云如初者取而實之既而反之是其不改豆籩之處因而實之是士禮威儀畧也

小祝設槃匜與簞巾于西階東為尸將盥

疏小祝至階東○注為尸將盥○釋曰案特牲直云尸盥匜水實于槃中簞巾在門內之右不言其人未聞也知非祝者彼下文始言祝筵几于室中注云至此使祝接神明前非祝也

主人朝服即位于阼階東西面為將祭也

疏主人至西面○注為將祭也○釋曰自此盡革順論祭時將至布設舉鼎匕載之事

司宮筵于奧祝設几于筵上右之布陳神坐也室中西南隅謂之奧席東面近南為右

疏司宮至右之○注布陳至為右○釋曰案特牲云祝筵几鄭云使祝接神此使司宮者此大夫禮異於士

故司宮設席祝設几大夫官多故使兩官若共其事亦是接神故祝設几也主人出迎鼎除鼏士盥舉鼎主人先入道之也主人不盥不舉〔疏〕注道之至不舉○釋曰此決特牲主人降及賓盥士禮自舉鼎此大夫尊不舉故不盥也司宮取二勺于篚洗之兼執以升乃啓二尊之蓋冪奠于棜上加二勺于二尊覆之南柄二尊兩甒也今文啓爲開古文柄皆爲枋〔疏〕司宮至南柄○注二尊至爲枋○釋曰云二尊兩甒者即上司宮尊兩甒于房戶之閒是也知二勺兩尊用之者玄酒雖有不酌重古如酌者然也鼎序入雍正執一匕以從雍府執四匕以從司士合執二俎以從司士贊者二人皆合執二俎以相從入相助陳鼎于東方當序南于洗西皆西面北上膚爲下匕皆加于

鼎東枋膚爲下以其加也南于洗西陳於洗西南疏陳鼎至東枋○注膚爲至西南○釋曰此云膚爲下門外陳鼎時不言至此言之者以膚者豕之實前陳鼎在門外時未有俎據鼎所陳則膚在魚上今將載於俎設之最在後故須分別之也云膚爲下以其加者以羊無別俎而豕有膚俎故謂之加以加爲下也云南于洗西陳于洗西南者洗當東榮近東也其陳鼎鼎當東序則近西也而言南于洗西則鼎陳于洗西稍近南東西不得與洗相當也俎皆設于鼎西西肆肵俎在羊俎之北亦西肆肵俎在北將先載也異其設文不當鼎疏俎皆至西肆○注肵俎至當鼎○釋曰云異其設文不當鼎者羊俎在羊鼎西今云肵俎在羊俎北不繼鼎明不當鼎也若繼鼎言者即在鼎西也宗人遣賓就主人皆盥于洗長朼長朼者長賓先次賓後也主人不朼言就主人者明親臨之古文朼作匕佐食上利升牢心舌載于肵俎心皆安下切上午割勿沒其載于肵俎末在上舌皆切

本末亦午割勿沒其載于肵橫之皆如初爲之于爨也牢羊豕也安平也平割其下於載便也凡割本末食必正也午割使可絶也勿沒爲其分散也肵之爲言敬也所以敬尸也周禮祭尚肺事尸尚心舌心舌知滋味今文切皆爲刌【疏】佐食至爨也○注牢羊至爲刌○釋曰言皆如初初爲之于爨也者經言此者以前膚鼎時不見心舌嫌不在爨故明之云皆如初爲之于爨皆者皆羊豕羊豕皆有心舌也案特牲記云肵俎心舌皆去本末午割之實于牲鼎載心立舌縮俎即是未入鼎時則制此心舌然也既未入鼎時先制之是以雖出爨亦得爲皆如初爨也云凡割本末食必正也者鄉黨孔子云割不正不食故割本末爲食正也云肵之爲言敬也者郊特牲文彼云肵之爲言敬也言所以敬尸也云周禮祭尚肺者禮記明堂位云有虞氏祭首夏后氏祭心殷祭肝周祭肺是周之禮法祭肺而此肵俎不取肺而用心者以其事尸尚心舌心舌知滋味者故特牲記鄭注亦云心舌知食味者欲尸之饗此祭是以進之若然舌之所嘗五味乃是心之所知酸苦也故心舌併言之佐食遷肵俎于阼階西西縮乃反佐食二

入上利升羊載右胖髀不升肩臂臑膊骼正脊一脡脊一橫脊一短脅一正脅一代脅一皆二骨以並腸三胃三長皆及俎拒舉肺一長終肺祭肺三皆切肩臂臑膊骼在兩端脊脅肺肩在上升之以尊卑載之以體次各有宜也拒讀爲介距之距俎距脛中當橫節也凡牲體之數及載備於此

【疏】佐食至在上○注升之至於此○釋曰升羊載右胖者準例實鼎曰升實俎曰載今實俎而言升者以其升者上也是以載俎升載兩言之也但此經所載牲體多少一依上文升鼎不異而重序之者以其載俎之時恐與入鼎時多少有異故重序之舉肺祭肺上已言今又言之者以其上升鼎時直言舉肺一祭肺三不言長短上所以不言長短者以其入鼎時二者未制故不辯長短至此載俎乃制長短及切之故具辯之也若然上升鼎時不制者若升鼎制之恐二肺雜亂是以升俎乃制之若然心舌未升鼎時已午割勿沒不言至載俎乃言午割者彼二者其體殊

異不雜亂故俎乃一辯之而已云肩臂臑肫胳在兩端脊脅肺肩在上者此是在俎之次俎有上下猶牲體有前後故肩臑在上端肫胳在下端脊脅肺在中其載之次序肩臂臑正脊脡脊橫脊代脅長脅短脅肺胃腸肫胳也云升之以尊卑者即上文上利升羊以下序其在鼎也云載之以體次者俎法四體尊於脊脅即經四體在兩端脊脅肺在中者故云各有宜也云拒讀爲介距之距者案左氏傳昭二十五年云季郈之雞鬭季氏介其雞服氏云擣芥子播其雞羽鄭氏云介甲爲雞著甲又云郈氏爲之金距注云金距以金踏距今鄭君合取季氏之介又取郈氏之距而云介距之距也引之者彼距在雞足爲距此俎距在俎爲橫也是以云俎距脛中當橫節也案明堂位云俎有虞氏以梡夏后氏以嶡殷以椇周以房俎注云梡斷木爲四足而已嶡之言蹷也謂中足爲橫距之象周禮謂之距彼注云周禮謂之距即指此俎距而言是距爲俎足中央橫者也此言俎距脛中當橫節者案明堂位夏后氏以嶡謂中足之橫下仍有殷之椇謂橫下仍有曲橈之足下又有周之房俎謂四足下更有跗鄭云上下兩閒有似於堂房是橫下更有二事故言脛中當橫節也云凡牲體之數及載備於此者案此經即折前體肩臂臑兩相爲六後體肫胳兩相爲四短脅正脅代脅兩相爲六脊有三揔爲

十九體唯不數觳二通之爲二十一體二觳正祭不薦於神尸故不言是牲體之數備於此言及載備於此者上經云升於鼎此經云載載於俎是其及載備於此也

下利升豕其載如羊無腸胃體其載于俎皆進下 進下變於食生也所以交於神明不敢以食道敬之至也鄉飲酒禮進腠羊次其體豕言進下互相見

【疏】下利至進下○注進下至相見○釋曰云進下變於食生也者決公食大夫鄉飲酒牲體皆進腠腠是本是食生人之法此言進末末爲終謂骨之終食鬼神法故云變於食生也云所以交於神明元缺起此至卷末者郊特牲文云不敢以食道檀弓文云羊次其體豕言進下互相見者羊言次其體即上終上利升羊以下是體豕言進下互相見者羊言體亦次其體言互相見者羊言體亦進下豕言進下亦次其體也

司士三人升魚腊膚魚用鮒十有五而俎縮載右首進腴 右首進腴亦變於食生也有司載魚燔之少儀曰羞濡魚者進尾

【疏】注右首至進尾○釋曰云右首進腴亦變於食生也者凡載魚爲生人首皆向右進鰭其祭祀亦首皆在右進腴生人死人皆右首陳設在地地道尊右故也鬼神進腴者腴是氣之所

聚故祭祀進腴也生人進鰭者鰭是脊生人尚味故公食大夫云魚七縮俎寢右鄭注云右首也寢右進鰭也乾魚近腴多骨鯁是也云有司載魚横之少儀曰羞濡魚者進尾引之者欲見正祭與儐尸載魚禮異又與生人食禮不同以其尸之禮上大夫載魚横之於人爲縮於俎爲横既見乾魚則進首可知復取少儀者濡魚進尾見與乾魚異有司徹進首是上大夫繹祭儐尸之禮有乾魚横於俎宜進其首則少儀羞濡魚者是天子諸侯繹祭可知以其天子諸侯繹祭乾濕皆有乾魚則進首鮮魚則進尾必知是天子諸侯繹祭者以其大夫儐尸云加膴祭少儀云祭膴又與儐尸加膴祭於上同故知義然也

腊一純而俎亦進下肩在上如羊豕凡腊之體載禮在此〔疏〕注如羊至在此○釋曰以其諸經唯有腊文無升載之事唯有此經所載之法故云載禮在此也

膚九而俎亦横載革順列載於俎令其皮相順亦者亦其骨體〔疏〕注列載至骨體○釋曰云列載於俎令其皮相順者解經革順也載革順謂以此膚之體相次而作行列以膚革相順而載也云亦者亦其骨體者上經體横載文不明故舉膚亦横載以明之此膚言横則上羊豕骨體亦横載可知也

儀禮疏卷第四十七

元缺第十葉今補

大清嘉慶二十年用文選樓藏本校刊

江西督糧道王賡言廣豐縣知縣阿應鱗栞

儀禮注疏卷四十七校勘記　阮元撰盧宣旬摘錄

少牢饋食禮第十六

少牢饋食之禮

唯據羊若豕則曰豢　豕上要義有犬字按疏下引槁人職明犬得稱豢也

故地官槀人職云　通解要義槀作槁○按槀乃槀之誤槁與槀同宋本周禮釋文作槁人不誤

非以爲禍　通解要義同毛本禍作禮○按樂記是禍字

故郊特牲與士特牲　通解要義俱作與士特牲毛本作特牲與士

日用丁巳　魏氏曰巳音紀陸音祀○按今本釋文祀亦誤作紀

諏冠昏祭祀　通解要義同毛本諏作爲

筮旬有一日

知旬十日者　要義同毛本通解旬下有爲字

吉事先近日故也　通解要義同毛本吉事作言是

主人曰孝孫某

某仲叔季　某集釋敖氏俱作其

桓十四年乙亥嘗　通解要義同毛本乙誤作巳○按春秋桓十四年作乙

陰陽式法　式陳閩俱作武非也

若其在子上者　通解要義毛本其作某

若五十字　要義同通解毛本字下有以伯仲三字

故知取二十字爲謚也　要義同通解毛本十下有冠而二字

因生以賜姓　毛本生誤作主陳閩俱脫以字

胙之土而命之氏　通解要義同毛本氏誤作事○按左傳作氏

諡伯某某或且字　諡陳閩要義俱作證毛本誤作謚

而非常祭祀　而通解要義俱作及按而字誤

史曰諾

蓍之德圜而神　徐本釋文集釋通解楊氏同毛本圜作圓

云易曰蓍之德圓而神者　魏氏曰圓本作圜

謂之述命述命訖　通解要義同毛本述命二字不重出

遂述命曰

即與即席西面命龜異　此句下異者二字通解毛本無要義有

繇辭則占龜之長　毛本占誤作古

以其蓍長立筮爲便　通解同毛本無立字非也

若然諸侯蓍七尺　通解同毛本無然字

乃釋韇立筮

卦者在左○乃書卦于木示主人　李氏曰示主人石本上有以字

六爻備書於版　毛本版作板張氏曰疏作版從疏

受以示主人也　毛本無受字

乃官戒

滌溉濯祭器　許宗彥云疏有濯字蓋陸本作溉祭器一本作濯祭器賈本則作溉濯祭器耳盧文弨云濯字衍者非

若不吉

近日即上旬丁巳此句下是也若上旬丁巳七字毛本無要義有

宿

使知祭日當來來陳閩俱作求

以言前宿一日言前二字毛本誤倒

前宿一日

總解經前宿一日宿戒尸肅陳閩監本通解同毛本宿作肅

明日朝按張爾岐謂朝下有服字石本監本並脫今考各本俱無服字

筮尸如筮日之禮禮唐石經徐本集釋通解敖氏俱作禮是也楊氏毛本作儀

用薦歲事於皇祖伯某唐石經徐本集釋楊敖同通解毛本薦作爲

前祭一日筮尸　通解同毛本筮下有宿字

吉則乃遂宿尸

以其諸官一肅　陳閩監本通解要義同毛本肅作宿下肅尸同

其尸已宿訖　尸下此本空一字通解作上已宿尸訖按此本所空疑是上字

主人再拜稽首

告尸以主人爲此事來肅　徐本集釋要義楊氏同敖氏肅作宿通解毛本無肅字

既宿尸反

言既肅尸　徐陳閩葛集釋通解楊敖同毛本既作及○按及非也

明日主人朝服

省也　通解毛本省下有文字徐本釋文集釋楊敖俱無與疏合

豆言刲擊告備乃退者省要義同通解毛本省下有文字

必知人君視殺別日者毛本知誤作如別作引要義亦作別

謂鄉祭之晨陳本要義同毛本鄉作卿○按作鄉與周禮注合

及祀之日陳本要義同毛本祀作禮非也

辟人君云毛本君下有一字通解一作也

文互者省也者毛本互者作元云○按毛本非也

如鄉所解陳本同毛本鄉作卿

還使刲羊羊屬火故也要義同毛本不重羊字

大夫又職職相兼要義同毛本無又字

廩人概甑甗匕與敦于廩爨

甗實二觶 監本通解要義敖氏同毛本二作一○按考工記作二

七穿 七通解監本俱作七陳本要義敖氏俱作匕閩本誤作士○按戴震考工記蒲注云一穿為甗七穿為甑作匕非也

司宮概豆籩勺爵觚觶几洗篚于東堂下 几唐石經徐陳通解俱作凡誤集釋楊敖俱作几與疏合

羹定

故使饔人也 要義同毛本無人字○按毛本非也

二鼎在豕鑊之西 監本通解要義同毛本二作三陳閩俱誤作一

前注何知魚腊皆有籠 通解要義同毛本何作可

司馬升羊

上十一體　十上陳閩俱有有字

者取脡脡然直　毛本通解者上有脡字

次應先言正脊　陳本通解同毛本正作二

按特牲記有臂臑肫胳　陳本通解同毛本胳作格○按格字誤

司士升豕

君子不食溷腴　溷集釋作圂按少儀作圂俗作溷

卒脀皆設扃鼏　鼏唐石經徐本集釋楊敖俱作鼏注同通解毛本作冪

司宮尊兩甒于房戶之間○皆有冪　張氏曰經曰同棜皆有冪按注云今文鼏作冪鼏指經也經字必鼏後乃啟二尊之蓋鼏同從注

棜無足　毛本棜誤作於

今文鼏作冪 徐本張氏同與此本標目合毛本通解集釋作冪鼏冪二字俱倒○按鼏冪尊冪在今文則皆作冪在古文則皆作密後人妄爲分别而刊本又復淆譌不可致詰此注當有誤字張氏据注以改經固非李黄据經以改注亦未爲得蓋以冪爲古鼏爲今儀禮中無此例

司宫設罍水於洗東

枓㪺水器也 㪺徐陳閩葛集釋通解楊敖俱作㪺疏同毛本作㪺

故鄭注揔云 通解要義同毛本無注揔二字

主人朝服

布設舉鼎匕載之事 要義同毛本匕作上非也

司宫筵於奥

席東面近南爲右 徐本集釋同通解楊氏毛本面俱作西○按當作面

故司宮設廡　通解要義同毛本廡下有神字

故使兩宮若共其事　毛本通解無若字

司宮取二勺於篚○加二勺於二尊　徐陳通解俱無下二字唐石經集釋楊敖俱有與注合

今文啓爲開古文柄皆爲枋　徐本集釋俱如是枋與此本標目合毛本脫六字又誤枋爲方按釋文有作枋二字

佐食上利升牢心舌

言皆如初爲之于爨也者　毛本無于字

云皆如初爲之于爨皆者　陳閩監本通解要義同毛本皆作也

皆羊豕羊豕皆有心舌也　要義同通解毛本無皆羊豕三字

佐食遷肵俎于阼階西

故俎乃一辯之而已　毛本通解無之字

代脅長脅短脅　通解同毛本上脅字作脊○按脅是也

是以云　以要義作以是也通解毛本作距

周禮謂之距　通解同毛本謂作爲下同要義誤脫

是距爲俎足中央橫者也　央陳本通解要義俱作央是也毛本誤作決

謂四足下更有跗　陳本通解要義同毛本跗作距非也

按此經即折前體肩臂臑兩相爲六　毛本即折作節新陳本作節析通解作節折○按即折是也

上經云升於鼎此經云載於俎　陳本通解同毛本兩云字並作文

司士三人升魚腊膚

右首進腴 毛本腴誤作魚

凡載魚爲生人 生閩本誤作主下生人死人放此

故祭祀進腴也 陳本通解要義同毛本祀作初○按祀是也

儀禮注疏卷四十七挍勘記終

奉新余成教挍

儀禮疏卷第四十八

唐朝散大夫行大學博士弘文館學士臣賈公彦等撰

卒脀祝盥于洗升自西階主人盥升自阼階祝先入南面主人從戶内西面將納祭也〔疏〕卒脀至戶内西面○注將納祭也○釋曰自此盡主人又再拜稽首論先設置爲陰厭之事也主婦被錫衣移袂薦自東房韭菹醓醢坐奠于筵前主婦贊者一人亦被錫衣移袂執葵菹蠃醢以授主婦主婦不興遂受陪設于東韭菹在南葵菹在北主婦興入于房被錫讀爲髲鬄古者或剔賤者刑者之髮以被婦人之紒爲飾因名髲鬄焉此周禮所謂次也不纚笄者大夫妻尊亦衣綃衣而侈其袂耳侈者蓋半士妻之袂以益之衣三尺三寸袪

尺八寸韭菹醓醢。朝事之豆也而饋食用之豐大夫禮葵菹在綪。今文錫爲緆蠃爲蝸【疏】主婦被錫衣至入于房○注被錫至爲蝸○釋曰云主婦贊者一人亦被錫者此被錫移袂與主婦同既一人與主婦同則其餘不得如主婦當與士妻同纚笄綃衣若士妻與婦人助祭一皆纚笄綃衣以綃衣下更無服服窮則同故特牲云凡婦人助祭者同服是也云被錫讀爲髲鬄者欲見髲鬄取人髮爲之之義也云古者或剔賤者刑者之髮以被婦人紒爲飾因名髲鬄焉者此解名髲鬄之意案哀公十七年左傳說衛莊公登城望戎州見已氏之妻髮美使髡之以爲呂姜髢是其取賤者髮爲。鬄之事也云此周禮所謂次也者案周禮追師云掌王后以下副編次三翟者首服副鞠衣襢衣首服編禒衣首服次鄭彼注副首飾若今步搖編編列髮爲之若今假紒次次第髮長短爲之所謂髲鬄鄭云所謂髲鬄鄭云所謂髲鬄者指此文也是彼此相曉也云不纚笄者大夫妻尊者此決特牲主婦纚笄士妻卑故也云亦衣綃衣者亦如特牲士妻主婦綃衣也綃衣者六服外之下者云而侈其袂耳侈者蓋半士妻之袂以益之衣三尺三寸袪尺八寸者士妻之袂二尺二寸袪尺二寸三分益一故。三尺三寸袪尺八寸也故內司服注亦爲此解也或云衣三尺三寸或云袂俱合義是以喪服記云亦名袂爲衣也云韭菹醓醢朝事之豆也者案周禮醢人職朝事之豆韭菹醓醢昌本麋臡菁菹鹿臡茆菹麇臡彼天子八豆今大夫取二豆爲饋食用之豐大夫禮故也若然葵菹蠃醢亦天子饋食之豆今大夫用之鄭不言者彼饋食當其節天子八豆此大夫取二而已故不須言之云葵菹在。綼者以其韭菹在南醓醢在北今於次東葵菹在北蠃醢在南是其綼次之也

佐食上利執羊俎下利執豕俎司士三人執魚腊膚俎序升自西階相從入設俎羊在豆東豕亞其北魚在羊東腊在豕東特膚當俎北端相助也主婦自東房執一金敦黍有蓋坐設于羊俎之南婦贊者執敦稷以授主婦主婦興受坐設于魚俎南又興受贊者敦黍坐設于稷南又興受贊者敦稷坐設于

黍南敦皆南首主婦興入于房敦有首者尊者器飾也飾蓋象龜周之禮飾器各以其類龜有上下甲今文曰主婦入于房

【疏】注婦至于房○注敦有至于房○釋曰敦有首者尊者器飾也飾蓋象龜知有此義者以其經曰敦南首明象龜蟲獸之形故云首知象龜者以其蓋形龜象故也云周之禮飾器各以其類者案周禮梓人云外骨內骨以脰鳴者以胷鳴者之類鄭云刻畫祭器博庶物也又周禮司尊彝有雞彝之等是周之禮飾器各以其類也云龜有上下甲者欲言此敦蓋取象之意以龜有上下甲故敦蓋象之是亦取其類也敦蓋既象龜明簋亦象龜為之故禮器云管仲鏤簋朱紘注云謂刻而飾之大夫刻為龜耳諸侯飾以象天子飾以玉言以玉飾之還依大夫象形為飾也天子則簋敦兼有九嬪職云凡祭祀贊玉齍注云玉齍玉敦受黍稷器是天子八簋之外兼用敦也特牲云佐食分簋鉶注云為將餕敦有虞氏之器也周制士用之變敦言簋容同姓之士得從周制耳則同姓大夫亦用簋特牲少牢用敦者異姓大夫士也明堂位云有虞氏之兩敦夏后氏之四璉殷之六瑚周之八簋鄭注云皆黍稷器制之異同未聞案周禮舍人注圓曰簋孝經注直云外方曰簋者據而言若然云未聞者據殷已上未聞周之

簋則闕矣故易損卦云二簋可用享注云離爲日日圓巽爲木木器象是其周器有閒也孝經緯鉤命決云敦規首上下圓相連簠簋上圓下方法陰陽是有閒而鄭云未聞者鄭不信之故也

祝酌奠遂命佐酌奠酌酒爲神奠之後酌者酒尊要成也特牲饋食禮曰祝洗酌奠奠于鉶南重累之

食啓會佐食啓會蓋二以重設于敦南

疏○注酌奠至累之○釋曰酌奠酌酒爲神奠之者以其迎尸之前將爲陰厭爲神不爲尸故云爲神奠之也云後酌者酒尊要成也者上經先設餘饌此經乃酌者酒尊物設饌要由尊者成故後設之也引特牲者酌奠之處當在鉶南此經不言故引爲證也云重累之者以黍稷各二二者各自當重累於敦南卻合之也

主人西面祝在左主人再拜稽首祝祝曰孝孫某敢用柔毛剛鬣嘉薦普淖用薦歲事于皇祖伯某以某妃配某氏尚饗主人又再拜稽首羊曰柔毛豕曰剛鬣嘉薦菹醢也普淖黍稷也普大也淖

和也德能大和乃有黍稷春秋傳曰奉粢以告曰絜粢豐盛謂其三時不害而民和年豐也

疏注羊曰至豐也○釋曰云羊曰柔毛豕曰剛鬣下曲禮文羊肥則毛柔濡豕肥則鬣剛也彼注云號牲物者異於人用也引春秋者證黍稷大和之義案彼左氏桓六年傳文楚武王侵隨使薳章求成焉軍於瑕以待之隨人使少師入楚軍董成楚以羸師而納少師少師還請追楚師季梁止之曰天方授楚楚之羸其誘我也臣聞小之能敵大也小道大淫所謂道忠於民而信於神也上思利民忠也祝史正辭信也今民餒而君逞欲祝史矯舉以祭臣不知其可也公曰吾牲牷肥腯粢盛豐備何則不信對曰夫民神之主也是以聖王先成民而後致力於神故奉牲以告曰博碩肥腯謂民力之普存也奉盛以告曰絜粢豐盛謂其三時不害而民和年豐也則此之所言隨季梁辭也

祝出迎尸于廟門之外主人降立于阼階東西面祝先入門右尸入門左主人不出迎尸伸尊也特牲饋食禮曰尸入主人及賓皆辟位出亦如之祝入門右者辟尸盥也既則後尸

疏注主人至後尸○釋曰自此盡牢肺正脊加于肵論尸入正祭之事云主人不出迎尸伸

尊也者禮記云君迎牲而不迎尸別嫌也尸在廟門外則疑於臣在廟中則全於君故主人皆不出迎尸尸在廟門外爲臣道故主人不出迎尸伸尊也引特牲者尸出入時主人與賓西位上皆逡巡辟位敬尸也云既則後尸者下經云祝延尸尸升自西階入祝從注云由後詔相之曰延是後尸者也

宗人奉槃東面于庭南一宗人奉匜水西面于槃東一宗人奉簞巾南面于槃北乃沃尸盥于槃上卒盥坐奠簞取巾興振之三以授尸坐取簞興以受尸巾庭南沒霤

（疏）注庭南沒霤。釋曰庭南者於庭近南是沒霤門屋霤近門而盥也是以特牲亦云尸入門北面盥繼門而言即亦此沒霤者也

祝延尸尸升自西階入祝從由後詔相之曰延延進也周禮曰大祝相尸禮祝從從尸升自西階

（疏）祝延至祝從。注由後至西階。釋曰周禮曰大祝相尸禮者案職云相尸禮注云延其出入詔其坐作是也

主人升自阼階祝先

入主人從祝接神先入宜也尸升筵祝主人西面立于戶內祝在左主人由祝後而居右尊也祝從尸尸即席乃御居主人左疏注主人至人左○釋曰祝先入至主人入而居祝之右者以祝從尸後詔侑之故在尸後主人前及尸即筵主人與祝西面則主人尊故也云祝從尸尸即席乃卻居主人左者解祝在先居左之意也祝主人皆拜妥尸尸不言尸荅拜遂坐拜妥尸拜之使安坐也尸自此荅拜遂坐而卒食其閒有不啐奠不嘗鉶不告旨大夫之禮尸彌尊也不告旨者為初亦不饗所謂曲而殺疏祝主至遂坐○注拜妥至而殺○釋曰案爾雅妥安坐也故云拜妥尸拜之使安坐也案特牲云尸啐酒告旨主人拜尸荅拜祭鉶嘗之告旨不得遂坐此經云荅拜遂坐故鄭解其遂坐而卒食之意以其閒有不啐奠不嘗鉶不告旨也大夫之禮尸彌尊故無拜事特牲所云嘗鉶謂嘗豕鉶此不嘗鉶謂不嘗豕鉶也知非不嘗羊鉶者案下云嘗羊鉶故知不嘗豕鉶也不告旨者既不啐奠故無告也言彌尊者既不啐奠一尊又不嘗鉶不告者是彌尊也云不告旨者為初亦不饗者案特牲迎尸即席坐主人拜

受尸尸答拜執奠祝饗主人拜如初注云饗勸强之也其辭
取於士虞記則宜云孝孫某圭爲而孝薦之饗是士賤不嫌
得與人君同大夫尊嫌與人君同故初不饗後亦不告言故
云不告言者爲初亦不饗也云所謂曲而殺者禮器文彼注
云謂若父在爲母期不得申大夫不得者亦不
得巾故引爲證若然曲而殺爲初不饗而言也 祝反南

面未有事也墮祭爾敦官各肅其職不命〔疏〕注未有至不命○釋曰云未有事也者釋祝反南面也云墮。祭爾敦文在下經官各肅其職不命者言祝無事之義案宿諸官各肅其事不須命故祝得反南面 尸取

韭菹辯擩于三豆祭于豆間上佐食取黍稷

于四敦下佐食取牢一切肺于俎以授上佐

食上佐食兼與黍以授尸尸受同祭于豆祭

牢羊豕也同合也合祭於俎豆之祭也黍稷之祭爲墮祭將食神餘尊之而祭之今文擩爲偏〔疏〕注牢羊至爲偏○釋曰云黍稷之祭爲墮祭者肺與黍稷俱得爲墮故周禮守祧職既祭則藏其墮墮中豈不能兼肺肺與黍稷俱祭于

菹上上既藏之明肺與黍稷器不動人就器減取之故特得隋名舉肺則全取因上絶之不得墮稱及其藏之并有墮名也云將食神餘尊之而祭之者謂陰厭是神食。後尸來即席食尸餕鬼神之餘故尸亦尊神而祭之以其凡祭者皆不是盛主人之饌故以祭之爲尊也

上佐食舉尸牢肺正脊以授尸。

上佐食爾上敦黍于筵上右之爾近也或曰移也右之便尸食也重言上佐食明更起不相因

疏上佐至右之○注爾近至相因○釋曰曲禮云飯黍無以箸是古者飯食不用匙箸若然器即不動器中取之故移之於席上便尸食也云重言上佐食明更起不相因者前舉尸牢肺時坐而取之與以授尸不因此坐取肺即爾敦黍明更坐爾黍而起不因前坐也案特牲云黍稷此及虞皆不云稷者此後皆黍稷連言明并黍稷食之不虛陳而不食不言爾之者文不具其實亦爾之也

主人羞肵俎升自阼階置于膚北羞進也肵敬也親進之主人敬尸之加

疏主人至膚北○注羞進至之加○釋曰鄭特牲訓肵爲敬今此主人親進之故鄭云敬尸之加以其爲尸特加故云加也若然特牲二俎膚從豕俎故肵

在腊北此五俎有膚俎故肵在膚北上佐食羞兩鉶取一羊鉶于房中坐設于韭菹之南下佐食又取一豕鉶于房中以從上佐食受坐設于羊鉶之南皆芼皆有柶尸扱以柶祭羊鉶遂以祭豕鉶嘗羊鉶芼菜也羊用苦豕用薇皆有滑（疏）上佐至羊鉶○注芼菜至有滑○釋曰芼菜者菜是地之芼知羊用苦豕用薇皆有滑者案公食大夫記云鉶芼牛藿羊苦豕薇皆有滑是也食舉舉牢肺正脊也先飲啗之以爲道也（疏）食舉○注舉牢至道也○釋曰此食舉在羞肵之下特牲食舉在羞肵之上不同者彼特牲食舉下乃云羞肵俎者是其正以食舉後尸即嚌幹之屬即加於肵俎故食舉後即進肵是正也此食舉不在羞肵之上上佐食羞鉶羹尸祭鉶訖乃得食舉故退食舉在祭鉶之下又不退羞肵在食舉下者由主人敬尸故不退在下也特牲爾敦下設大羹此不云者大羹不爲神直是爲尸者故此不言儐尸乃有也云舉牢肺正脊也者上文云上佐食舉尸牢肺正脊以授

尸尸受祭肺則爾食先云食舉是上牢肺正脊也云先食啗之以爲道也者案特牲舉肺脊以授尸尸受振祭嚌之左執之注肺氣之主也脊體之貴者先食啗之所以道食通氣是也三飯食以黍〈疏〉三飯○注食以黍○釋曰知先食黍者以前文先言爾黍故知先食黍也上佐食舉尸牢幹尸受振祭嚌之佐食受加于肵幹正脅也古文幹爲肝〈疏〉注幹正脅也○釋曰上文序體先言短脅次言正脅則正脅在中上食舉是正脊故知此食幹亦先取正脅也特牲云食幹鄭注爲長脅也彼記序九體有長脅無代脅者案鄭注云脊無中脅無前貶於尊者故與此異也上佐食羞胾兩瓦豆有醢亦用瓦豆設于薦豆之北設于薦豆之北以其加也四豆亦綪羊胾在南豕胾在北無臐膮者尚牲不尚味〈疏〉上佐至之北○注設于至尚味○釋曰特牲畧於少牢故有豕膮此少牢二牲略不尚味而無臐膮也尸又食食胾上佐食舉尸一魚尸受振祭嚌之佐食受加于

肵橫之又復也或言食或言飯食大名小數曰飯魚橫之者異於肉〔疏〕尸又至橫之○注又復至於肉○釋曰云食大名者以其論語文多言食故云食大名一也云小數曰飯者此少牢特牲言三飯五飯九飯之等據一口謂之一飯五口謂之五飯之等據小數而言故云小數曰飯也云魚橫之者異於肉者魚在俎縮肉在俎則橫其同在所俎仍橫之魚本縮今則橫矣與牲體異故云魚橫異於肉也必知肉在肵仍橫者但言加于肵不云縮則與本俎同橫可知也大夫不°儐尸。者於此時亦當設大羹此主爲大夫不儐尸者大羹之文也

又食上佐食舉尸腊肩尸受振祭嚌之上佐食受加于肵腊魚皆一舉者少牢二牲畧之腊必舉肩以肩爲終也別舉魚腊崇威儀〔疏〕注腊魚至威儀○釋曰云腊元缺疏此魚皆一舉者少牢二牲畧之者以特牲三舉獸魚以其牲少故也此少牢二牲畧之者體足可舉故腊魚一舉以畧之云腊必舉肩以肩爲終也者以腊如牲骨但舉一肩肩尊以爲終取其成義牲體舉肩爲終云別舉魚腊崇威儀者特牲云尸三飯佐食舉獸幹魚一亦如之尸又三飯舉骼及獸魚如初尸又三飯舉肩及獸魚如初獸臘常一時同舉而此獸魚別舉

大夫之禮故云崇威儀案特牲先舉腊後魚此少牢後舉腊者彼特牲三俎腊皆三舉故後舉魚此少牢腊魚皆一舉故使腊在後有取其終義故也

又食上佐食舉尸牢骼如初如舉幹也

又食不舉者卿大夫之禮不過五舉須侑尸

疏注不舉至侑尸○釋曰云五舉者舉牢肺一也又舉牢幹二也又舉一魚三也又舉腊肩四也又舉牢骼五也是卿大夫之禮五舉也

尸告飽祝西面于主人之南獨侑不拜侑曰皇尸未實侑侑勸也祝獨勸者更則尸飽實猶飽也祝既侑復反南面

疏注侑勸至南面○釋曰云侑勸也祝獨勸者更則尸飽者此決特牲九飯三侑皆祝主人共侑不更以侑者欲使尸飽若其重侑則嫌相褻特牲重侑不更者以士禮九飯縱更亦不飽故不更此大夫禮十一飯更則飽故有更是以使祝獨侑與主人更之義云祝既侑復反南面者戶內主人及祝有事之位尸席北祝無事之位今侑訖亦復尸北南面位也此與特牲皆有尸飯法天子諸侯亦當有之故大祝九拜之下云以享侑祭祀注云侑勸尸食而拜若然士三飯即告飽而侑大夫七飯告飽而侑諸侯九飯告飽而侑天子十一

飯而侑也尸又食上佐食舉尸牢肩尸受振祭嚌之佐食受加于肵四舉牢體始於正脊終於肩尊於終始〔疏〕注四舉至終始○釋曰正脊及肩此體之貴者故先舉正脊爲食之始後舉肩者爲食之終故云尊於終始

尸不飯告飽祝西面于主人之南祝當贊主人辭〔疏〕注祝當贊主人辭○釋曰以其西面是祝之有事之位故從南向西面位也

主人不言拜侑祝言而不拜主人不言而拜親疏之宜〔疏〕注祝言至之宜○釋曰云親疏之。者云祝言而不拜者疏也云主人不言而拜者親也事相成故云親疏之宜也

尸又三飯爲祝一飯爲主人三飯尊卑之差凡十一飯下人君也

上佐食受尸牢肺正脊加于肵言受者尸授之也尸授牢幹而實舉于俎豆食畢操以授佐食焉〔疏〕注言受至食焉○釋曰此案上文初食舉謂正脊與牢肺不言置舉之所下文即言三飯上佐食舉尸牢幹尸受振祭嚌之佐食受加于肵至此尸十一飯後乃言上佐食受尸牢肺正脊加于肵者是却本

初食約特牲舉肺脊其時尸實舉于菹豆今尸食畢尸乃於菹豆上取而授上佐食上佐食受而加于肵故言受尸牢肺正脊加于肵也主人降洗爵升北面酌酒乃酳尸尸拜受主人拜送酳猶羨也既食之而又飲之所以樂之古文酳作酌〈疏〉注酳猶至作酌○釋曰自此盡折一膚謂主人酳尸之事云酳猶羨也者取饒羨之義故以爲樂之也尸祭酒啐酒賓長羞牢肝用俎縮執俎肝亦縮進末鹽在右羞進也縮從也鹽在肝右便尸擩之古文縮爲蹙〈疏〉注羞進至爲蹙○釋曰云鹽在肝右便尸擩之者鹽在肝右據賓長西面手執而言尸東面若至尸前鹽在尸之左尸以右手取肝鄉左鹽擩之是其便也尸左執爵右兼取肝擩于俎鹽振祭嚌之加于菹豆卒爵主人拜受尸爵尸荅拜兼兼羊豕祝酌受尸尸醋主人主人拜受爵尸荅拜主人

西面奠爵又拜主人受酢酒俠爵拜彌尊尸〇疏注主人至尊尸〇釋曰云彌尊尸者此少牢與特牲尸酢主人使祝代尸酌者已是尊尸今主人拜受訖又拜爲俠拜是彌尊尸也上佐食取四敦黍稷下佐食取牢一切肺以授上佐食上佐食以綏祭綏或作挼挼讀爲墮將受嘏亦尊尸餘而祭之古文墮爲肵疏注綏或至爲肵〇釋曰經中綏是車綏或有禮本作挼者故亦讀從周禮守祧既葬則藏其墮取墮滅之義也云將受嘏者下文主人受嘏之時先墮祭是以佐食授黍稷與主人爲墮禮主人佐〇執爵右受佐食坐祭之又祭酒不興遂啐酒右受佐食右手受墮於佐食也至此言坐祭之者明尸與主人爲禮也尸恆坐有事則起主人恆立有事則坐疏注右手至則坐〇釋曰云尸常坐有事則起主人常立有事則坐者案禮器云周坐尸曲禮云立如齊鄭云齊謂祭祀時則是尸常坐主人祭時則常立經云坐祭之謂墮祭尸餘是尸與主人爲禮是主人有事乃坐也尸荅主人拜乃立是尸有事則起也祝

與二佐食皆出盥于洗入二佐食各取黍于一敦上佐食兼受摶之以授尸尸執以命祝命祝以嘏辭〔疏〕注命祝以嘏辭。釋曰謂命祝使出嘏辭以嘏於主人下文是也卒命祝祝受以東北面于戶西以嘏于主人曰皇尸命工祝承致多福無疆于女孝孫來女孝孫使女受祿于天宜稼于田眉壽萬年勿替引之。嘏大也予主人以大福工官也承猶傳也來讀曰釐釐賜也耕種曰稼勿猶無也替廢也引長也言無廢止時長如是也古文嘏爲格祿爲福眉爲微替爲袂袂或爲載。載替聲相近〔疏〕卒命至引之。注嘏大至相近。釋曰云嘏大也者鄭特牲云嘏長也大也故鄭云予主人以大福案特牲尸親嘏主人此尸使祝嘏主人者大夫尸尊故不親嘏特牲無嘏文不具也主人坐奠爵興再拜稽首興受黍坐振祭嚌之詩懷之實于左袂挂于季指執爵以興坐卒爵執爵以興坐奠爵拜尸荅拜執爵以興出宰夫以籩受嗇黍主人嘗之納諸内詩猶承也實於左袂便右手也季猶小也出出戶也宰夫掌飲食之事者收斂曰嗇明豐年乃有黍稷也復嘗之者重之至也納猶入也古文挂作卦

【疏】主人至諸内。注詩猶至作挂。○釋曰云出出戶也者以主人位在戶内西面今云出故知是出戶也此宰夫以籩受嗇大夫之禮特牲主人出寫嗇于房祝以籩受彼士禮與大夫異也案春官鬱人云大祭祀與量人受舉斝之卒爵而飲之鄭云斝受福之嘏聲之誤也王酳尸尸嘏王此其卒爵也少牢饋食禮主人受嘏詩懷之卒爵執爵以興出宰夫以籩受嗇黍主人嘗之乃還獻祝此鬱人受王之卒爵亦王出房時也是王受嘏與大夫同也案楚茨詩既齊既稷既匡既勑注云嘏之禮祝徧取黍稷牢肉魚擩於醢以授尸孝孫前就尸受之天子使宰夫受之以筐祝則釋嘏辭以勑之天子嘏辭與大夫同也云復嘗之者重之至也者前已嚌之是已嘗今復

言嘗是通受福之至也特牲不言復嘗者文不具也

主人獻祝設席南面祝拜于席上坐受室中迫狹〔疏〕○主人至坐受。○注室中迫狹。○釋曰言迫狹大夫士廟室也皆兩下五架正中曰棟棟南兩架北亦兩架棟南一架名曰楣前承簷以前名曰庪棟北一架爲室南壁而開戶即是一架之開廣爲室故云迫狹也必知棟北一架後乃爲室者昏禮主人延賓升自西階當阿東面致命鄭云阿棟也入堂深明不入室是棟北乃有室也

主人西面荅拜不言拜送下尸〔疏〕主人西面荅拜。○注不言拜送下尸。○釋曰上主人酳尸尸拜受主人拜送今主人獻祝祝拜受主人荅拜拜送禮重荅拜禮輕今言荅拜故云不言拜送下尸也

薦兩豆菹醢葵菹蠃醢〔疏〕薦兩豆菹醢。○注葵菹蠃醢。○釋曰知者上云韭菹醓醢鄭云朝事之豆也而饋食用之豐大夫禮上亦云葵菹蠃醢是饋食之豆當饋食之節是其常事故不言豐大夫之禮今祝用之亦其常事故知用葵菹蠃醢也

佐食設俎牢髀橫脊一短脅一腸一胃一膚三魚一橫之腊兩髀屬

于尸皆升下體祝賤也魚橫者四物共俎殊之也腊兩髀屬于尸尤賤不殊〈疏〉注皆升至不殊○釋曰言升下體者髀與短脅橫脊皆羊豕之下體屬于尸又腊之下體爲祝賤故也云魚橫者四物共俎殊之也者以其魚縮在俎縮載今橫者爲四物共俎橫而殊之也縮其七物而云四物者據羊豕魚腊故云四物也云尤賤者羊豕體不屬於尸以腊用左右胖故有兩髀言髀屬于尸尸在中謂髀與尸相連屬不殊是尤賤也周祝賤常連之也祝取菹擩于醢祭于豆閒祝祭俎大夫祝俎無肺祭用膚遠下尸不嚌之膚不盛〈疏〉祝取至祭俎○注大夫主不盛○釋曰云大夫祝俎無肺祭用膚遠下尸者案特牲尸俎有祭肺離肺祝俎有離肺無祭肺是下尸今大夫尸俎亦皆有祝則離肺祭肺俱無是遠下尸也云不嚌之膚不盛者決離肺祭乾嚌之加于俎今以無肺祭不盛故也凡膚皆不齊獨於此言之者以其以膚替肺肺則嚌此則不嚌故須言之也祭酒啐酒肝牢從祝取肝擩于鹽振祭嚌之不興加于俎卒爵興亦如佐食授爵乃興不拜既爵大夫祝賤也〈疏〉注亦如至

賤也○釋曰亦如佐食授爵乃興者此經直云卒爵興不云授爵故特明之案下文主婦獻祝祝卒爵坐授主婦爵主婦又獻二佐食二佐食坐授主婦爵主婦獻祝與獻二佐食同明主人獻祝祝授主人爵亦與二佐食同可知云不拜既爵大夫祝賤也者此決特牲祝卒爵拜主人荅拜以士卑故祝不賤此大夫尊故祝賤不拜既爵也

主人酌獻上佐食上佐食戶內牖東北面拜坐受爵主人西面荅拜佐食祭酒卒爵拜坐授爵興不啐而卒爵者大夫之佐食賤禮器〈疏〉注不啐至禮器○釋曰特牲士之佐食亦啐大夫佐食賤禮器云天子諸侯禮雖亡或可對天子諸侯佐食啐乃卒爵貴故也

俎設于兩階之間其俎折一膚佐食不得成禮於室中折者擇取牢正體餘骨折分用之有脊而無薦亦遠下尸〈疏〉俎設至一膚○注佐食至下尸○釋曰云有脊而無薦亦遠下尸者有脊卽經俎實是也無薦謂無菹醢也既無肺已是下尸又無薦是遠下尸也

主人又獻下佐食亦如之其脅亦設

于階間西上亦折一膚上佐食既獻則出就其俎特牲記曰佐食無事則中庭北面謂此時有司贊者取爵于篚以升授主婦贊者于房戶男女不相因特牲饋食禮曰佐食卒角主人受角降反于篚〈疏〉有司至房戶○注男女至于篚○釋曰云自此盡入于房論主婦亞獻祝獻尸與佐食之事此直云有司授婦贊者于房案禮記內則云非祭非喪不相授器其相授則女受以篚其無篚則皆坐奠之而后取之此經雖不言受以篚及奠於地之事亦當然也云男女不相因者案特牲佐食卒角主人受角降反于篚升入復位訖主婦乃洗爵于房酌亞獻尸是不相因爵也引特牲者證男女不相因爵主婦不取此爵也主婦贊者受以授主婦主婦洗于房中出酌入戶西面拜獻尸入戶西面拜由便也不北面者辟人君夫人也拜而後獻者當俠拜也昏〈疏〉注入戶至東隅○釋曰禮曰婦洗在北堂直室東隅云入戶西面拜由便也者下注云此拜於北則上拜於南矣由便也云不北面者辟人君夫人也者案特牲主婦北面拜注云北面拜者辟內子

也則是上妻卑不嫌得北面與人君夫人同也尸拜受主婦主人之北西面拜送爵拜於主人之北西面婦人位在內此拜於北則上拜於南矣由便也尸祭酒卒爵主婦拜祝受尸爵尸荅拜易爵洗酌授尸祝出易爵男女不同爵主婦拜受爵尸荅拜上佐食綏祭主婦西面于主人之北受祭祭之其綏祭如主人之禮不嘏卒爵拜尸荅拜不嘏夫婦一體綏亦當作挼古文爲肵主婦以爵出贊者受易爵于篚以授主婦于房中贊者有司贊者也易爵亦以授婦贊者婦贊者受房戶外入授主婦〔疏〕注贊者至主婦○釋曰知贊者有司贊者也者上文云有司贊者取爵於篚此還是上有司贊者也主婦洗酌獻祝祝拜坐受爵主婦荅拜于主人之北

卒爵不興坐授主婦不俠拜下尸也今文曰祝拜受主婦受酌獻上佐食于戶內佐食北面拜坐受爵主婦西面荅拜祭酒卒爵坐授主婦主婦獻下佐食亦如之主婦受爵以入于房不言拜於主人之北可知也爵奠於內篚賓長洗爵獻于尸尸拜受爵賓戶西北面拜送爵尸祭酒卒爵賓拜祝受尸爵尸荅拜祝酌授尸賓拜受爵尸拜送爵賓坐奠爵遂拜執爵以興坐祭遂飲卒爵執爵以興坐奠爵拜尸荅拜賓酌獻祝祝拜坐受爵賓北面荅拜祝祭酒啐酒奠爵于其筵前啐酒而不卒爵祭事畢示

醉也不獻佐食將儐尸禮殺（疏）賓長至筵前○釋曰云尸祭酒卒爵者案特牲賓長獻爵止注云欲神惠之均於室中待夫婦致爵此大夫禮或有賓尸者致爵在儐尸之上故不致爵爵不止也若然有司徹尸作止爵三獻致爵於主人主人不醉主婦又不致爵于主婦下大夫不儐尸賓獻尸止爵主婦致爵于主人醉主婦主人不致於主婦特牲主人與主婦交相致爵參差不同者此以尊卑爲差降之數故有異也上大夫得儐尸故致爵上辟人君下大夫不儐尸故增醉主婦而已士卑不嫌與君同故致爵具也○注啐酒至禮殺○釋曰云不獻佐食將儐尸禮殺者以其祝與佐食俱是事神及尸是以獻尸并及之故主人主婦獻祝與佐食今賓獻祝不及佐食者但爲待賓尸故於賓長獻是祭末禮殺故不及佐食闕之也

主人出立于阼階上西面祝出立于西階上東面祝告曰利成利猶養也成畢也孝子之養禮畢○祝入尸謖主人降立于阼階東西面謖起也謖或作休祝先尸從遂出于廟門事尸之禮訖於廟門（疏）主人至廟門○釋曰自此盡廟

門論祭祀畢尸出廟之事注事尸之禮訖於廟門者上祝迎尸於廟門今禮畢又送尸於廟門案禮記尸在廟門外則疑於臣是以據廟門爲斷

祝反復位于室中主人亦入于室復位祝命佐食徹肵俎降設于堂下阼階南徹肵俎不出門將儐尸也肵俎而以儐尸者其本爲不反魚肉耳不云尸俎未歸尸疏祝反至階南○注徹肵至歸尸○釋曰自此盡篇末論徹肵俎行餕之事云徹肵俎不出門將儐尸也者決特牲佐食徹尸俎出廟門者送尸者也云肵俎而以儐尸者其本爲不反魚肉耳者案曲禮云毋反魚肉謂食時魚肉不反俎故尸食亦加肵俎本爲尸不反魚肉今儐尸將更食魚肉當加於肵俎未得即送尸家故云本爲不反魚肉也故儐尸訖并後加者得歸之也

司宮設對席乃四人餕大夫禮四人餕明惠大也疏注大夫至大也○釋曰案祭統云凡餕之道而與施惠之象也是故上有大澤則惠必及下是以特牲二人餕惠之小者大夫四人餕明惠之大者也

上佐食盥升下佐食對之賓長二人備備四

人餕也三【疏】上佐至人備○注備四至豐外○釋曰下佐餕亦豐外食對之者不謂東西相當在取上佐食東面下佐食西面爲對以其下佐食西面近北故不得東西相當也云賓長二人備者亦不東西相當以其一賓長在上佐食之北一賓長在下佐食之南是亦不東西相當也故云備不言對也司士進一敦黍于上佐食又進一敦黍于下佐食皆右之于席上右之者東面在南西面在北【疏】注右之至在北○釋曰東面在南據上佐食西面在北據下佐食右之者飯用手右之便故也資黍于羊俎兩端兩下是餕○資猶減也減置於羊俎兩端則一賓長在上佐食之北一賓長在下佐食之南今文資作齎【疏】注餕猶至作齎○釋曰云兩下是餕者據二賓長以二佐食爲下故云一賓長在上佐食之北一賓長在下佐食之南以地道尊右故二佐食皆在右若然羊俎兩廁南北面置之故二當□□於俎一端取黍也必知上佐食東面近南下佐食西面北者以其尸東面近南今尸起上佐食居尸坐處明知位次如此司士乃辯舉養者皆祭黍祭

舉舉舉膚今文辯爲徧〈疏〉司士至祭舉○注舉舉至爲徧○釋曰卿舉是舉膚者以其尸舉肺餕者下尸明不舉肺當舉膚是以特牲云佐食授餕者各一膚明此大夫禮亦舉膚也主人西面三拜餕者餕者皆興受于俎皆答拜皆反取舉三拜旅之示徧也言反者拜時或去其席在東面席者東面拜在西面席者皆南面拜〈疏〉主人至取舉○注三拜至面拜○釋曰知面位如此者以主人在戶內西面三拜餕者餕者在東面而答主人拜可知在西面位者以主人在南西面不得與主人同面而拜明迴身南面向主人而拜故鄭以義解之如此也司士進一鉶于上餕又進一鉶于次餕又進二豆湆于兩下乃皆食食舉湆肉汁也〈疏〉司士至食舉○釋曰云又進二豆湆于兩下者以其神坐之上止有羊豕二鉶一進與上佐食一進與下佐食故更羞二豆湆于兩下湆者從門外鑊中來以兩下無鉶故進湆也卒食主人洗一爵升酌以授上餕贊者洗三爵

酌主人受于戶內以授次籑若是以辯皆不拜受爵主人西面三拜籑者籑者奠爵皆荅拜皆祭酒卒爵奠爵皆拜主人荅壹拜不拜受爵者大夫餕者賤也荅壹拜畧也古文一爲壹也〔疏〕注不拜至壹也○釋曰云不拜受爵者大夫餕者賤也者決特牲使嗣子與兄弟餕爲貴故拜受爵也云荅壹拜畧也者特牲亦無再拜法此云畧者以其四餕皆拜主人揔荅一拜故云畧也

籑者三人興出出降實爵于篚反奠位上籑止主人受上籑爵酌以酢于戶內西面坐奠爵拜上籑荅拜坐祭酒啐酒主人自酢者上籑獨止當尸位尊不酌也〔疏〕注主人至酌也○釋曰特牲上餕親自酌酢主人此上餕不酌者上餕將嘏主人故在尸位不可親酌特牲上餕酌者以上餕不嘏主人飲卒爵三餕俱出上餕酢主人少牢禮備又嘏主人故不酌也

上籑親嘏曰主人受

祭之福胡壽保建家室親嘏不使祝授之亦以黍〈疏〉注親嘏至以黍○釋曰言亦者亦上皇尸命工祝嘏主人以黍此亦以黍上文司士進斂乃分黍于羊俎兩端下不言稷故知亦黍也主人興坐奠爵拜執爵以興坐卒爵拜上賓荅拜上賓興出主人送乃退送佐食不拜賤〈疏〉注送佐食不拜賤○釋曰賓主之禮賓出主人皆拜送此佐食送之而不拜故云賤也

儀禮卷第十六 經二千九百七十九 注二千七百八十七 儀禮疏卷第四十八

元缺第五葉今補

大清嘉慶二十一年
用文選樓藏本校

江西督糧道王賡言廣豐縣知縣阿應鱗栞

儀禮注疏卷四十八挍勘記　阮元撰盧宣旬摘錄

卒脀祝盥於洗

注將納祭也　要義同毛本誤脫

主婦被錫衣移袂　移唐石經嚴本要義楊氏俱作移與疏文合徐本釋文集釋通解敖氏毛本俱作侈下同陸氏曰侈本又作移魏氏曰移本又作侈段玉裁云釋文當云移袂本又作侈後人倒之耳張忠甫依釋文改移為侈非也作移者自是相傳古本羣經音辨曰移廣也音侈禮主婦人衣移袂此賈昌朝本作移也葉抄釋文移從衣殆非也臧庸云移字當作移說文移衣張也○按移乃正字移即移之假借字作侈誤也葉本釋文移从不蓋因不而誤通志堂本從木又因不而誤段謂釋文當云移袂本又作侈正與要義合追師注引此經亦作移表記衣服以移之注云移讀如水泛移之移移猶廣大也此古本作移之證

讀為髮鬄　段玉裁挍本鬄作[illegible]下同

以被婦人之紒爲飾　段玉裁按本被作髲

衣三尺三寸　徐陳集釋通解楊氏同毛本三作二

葵菹在綼今文錫爲緆贏爲蝸　今文二字陳閩監葛俱誤在葵字上在下集釋有比字按特牲疏引此注今本有北字單疏本則有北字而無綼字也毛本無髲鬄爲緆三字徐本通解俱有嚴本集釋俱與徐本同惟鬄字作錫釋文有爲緆二字云音羊○按緆字不當從易疑陸誤

此被錫移袂與主婦同　要義同毛本通解移作侈

因名髲鬄焉者　陳閩通解同要義毛本髲作髮

是其取賤者髮爲鬄之事也　髮爲鬄陳本通解俱作髲爲鬄要義作髮爲髲按當作髮爲髲鬄

鄭云所謂髲鬄者　上六字此本重出通解毛本無按疏意蓋謂此注云周禮所謂次者指追

師文追師注云所謂髮鬄者卽指此文也傳寫錯誤複衍六字

六服外之下者　外之下毛本誤作下之外

故三尺三寸　通解毛本故下有衣字

昌本麋臡　陳本通解同毛本昌作菖○按周禮作昌

茆菹麇臡　浦鏜云麇作麋

云葵菹在縪者　按在下亦當有北字或北誤爲縪

今於次東　毛本今誤作二

主婦自東房執一金敦黍○又興受贊者敦稷十　毛本興誤作

明象龜蟲獸之形　通解要義同毛本無蟲字聶氏有蟲字無龜字

外骨內骨　內閩本通解俱作內誤

管仲鏤簋朱紘通解要義同毛本紘作紭○按當作紘字今本禮器亦有作弦者非也

據而言據下要義空一字一本增外字

祝酌奠

設饌要由尊者成陳閩通解要義同毛本饌作譔

郤合之也陳閩通解同毛本郤作欲

主人西面

羊肥則毛柔濡要義同毛本通解無濡字

證黍稷大和之義大陳閩監本要義俱作大是也通解毛本作太

宗人奉槃○振之三以授尸坐取簞興以受尸巾自以至興七字毛本脫唐石經徐本集釋楊敖俱有通解無

卽亦此沒霤者也　通解同毛本無此字

祝延尸　延唐石經鍾本俱作筵誤

祝主人皆拜妥尸　拜上要義有再字

故鄭解其遂坐而卒食之意　通解要義同毛本無故字　按毛本非也

故無拜事　拜乃三字之訛

知非不嘗羊鉶者　非要義作非是也毛本作此

故知不嘗豕鉶也　要義同毛本無不字

既不啐奠　通解要義同毛本既作卽

云不告旨者　通解要義俱有不字與注合毛本無

祝反南面

墮祭爾敦　墮釋文作隋下同

尸取非菹○尸受同祭于豆祭　唐石經徐本集釋要義楊敖同通解毛本受同二字倒

合祭於俎豆之祭也　李氏曰俎豆當作菹豆張氏說見後

今文辯爲徧　爲釋文作作與疏標目異

俱祭于苴上上　浦鏜云菹誤苴要義重上字屬下句通解毛本上字不重

謂陰厭是神食後　神食二字要義重出

上佐食舉尸牢肺正脊以授尸　李氏曰授尸下賈氏有尸受祭肺四字

按特牲云黍稷　毛本無云字

主人羞肵俎○置于膚北　置于釋文作直於云音值下注直室同

食舉

先飲啗之　飲釋文集釋楊氏俱作食陸氏曰作飲飯者皆非○按疏亦作食

上佐食羞鉶羹　陳閩俱無上字羞下有於字

上佐食舉尸牢幹

故知此食幹　通解同毛本知此二字倒

尸又食食胾

此少牢特牲言三飯五飯九飯之等　通解要義同毛本無牲字

五口謂之五飯之等　要義同毛本無之字

今則横矣　通解同毛本横下有之字

則與本俎同横可知也　毛本與誤作於

此主爲大夫不儐尸者大羹之文也　浦鏜云不當衍字者上當脱故無設

二字

又食

卿大夫之禮徐陳集釋通解楊氏同毛本卿作鄉

尸告飽

祝獨勸者毛本獨誤作南

亦當有之通解要義同亦當二字毛本倒

諸侯九飯告飽而侑毛本飽誤作飯

尸又三飯

凡十一飯徐本集釋通解楊敖同毛本凡作尸

上佐食受尸牢肺正脊

而實舉于俎豆 俎集釋楊氏俱作菹與疏合張氏曰疏于特牲之胏脊初在俎豆既作菹于此又作菹則此篇之上文注合祭于俎豆之祭也之俎亦必菹字並從疏

尸祭酒啐酒○肵亦縮進末 末陳閩俱誤作未葛本作末

祝酌受尸 受集釋要義楊敖俱作授張氏曰經曰祝酌受尸按經上文祝受尸爵今酌以授尸作受非也從經○按唐石經作受

俠爵拜彌尊尸 徐本集釋通解楊氏同毛本拜下有爵字

上佐食取四敦黍稷

古文墮爲肵 張氏曰經云上佐食以綏祭墮當爲綏後注有云綏亦當爲挼古文爲肵此綏爲肵之證也從經○按注似非誤說詳士喪禮今文樓爲緌下

則藏其隋取隋減之義也 通解要義同毛本無取隋二字

下文主人受嘏之時　毛本受誤作守

是以佐食授黍稷　通解要義同毛本授作受

主人佐執爵　徐本同毛本佐作左張氏曰經前後文執爵皆左此佐當爲左從經前後文

齊謂祭祀時　通解要義同毛本祀作禮○按曲禮注作祀

祝與二佐食○摶之以授尸　摶唐石經陳本集釋通解楊氏俱作摶徐本毛本誤作搏

卒命祝

嘏大也　此句上要義有命祝以嘏辭五字

來讀曰釐　曰要義作爲

言無廢止時　徐本集釋要義楊敖同通解毛本止作上

替爲柍柍或爲䙍　柍徐本並从木與宋本釋文合集釋通解要義毛本俱並从衣段玉裁云釋文

抉音決今本乃作袂袂音決袂不當有決音此葉鈔本之可貴也儀禮嘉靖本鍾人傑本皆作抉錢大昕曰袂當爲秩字形相涉而譌也說文載爲載詩秩秩大猷說文引作載載大猷是秩與載通

主人坐奠爵興〇主人嘗之張氏曰巾箱杭本嘗誤作當從監嚴本

云出出戶也者通解重出字毛本不重

特牲主人出寫嗇于房通解同毛本寫作爲

祝徧取黍稷牢肉魚擩於醢擩陳本通解要義俱作擩是也閩本誤作儒毛本作臑

佐食設俎

縮其七物陳閩通解同毛本其作有

祭酒啐酒肝牢從

主婦獻祝與獻二佐食同通解要義同毛本與作興

以士卑故祝不賤卑要義作賤

主人酌獻上佐食○坐授爵興李氏曰授石本作受

不啐而卒爵者張氏曰監本啐誤作卒從諸本

有司贊者○授主婦贊者于房戶毛本戶誤作中

論主婦亞獻祝獻尸與佐食之事毛本論誤作中尸要義作祝按要義固非然獻尸宜在獻祝前諸本亦有誤

其相授則女受以篚其陳本通解要義楊氏俱作其毛本作且受此本通解要義楊氏俱作受毛本作授

尸拜受

拜於主人之北　徐本集釋通解楊氏同毛本無人字

此拜於北　徐本集釋敖氏俱作此拜於北與上節疏合通解作始拜於北毛本北作此楊氏作也拜於北

尸祭酒卒爵○酌授尸　周學健云授石經作受字按唐石經作授

賓長洗爵獻于尸○賓尸西北面拜送爵　戶唐石經徐本集釋楊敖俱作戶通解要義毛本俱作尸

啐酒而不卒爵　卒徐本集釋楊氏俱作啐通解毛本作卒李氏曰啐爵當作卒爵○按飲酒之法或啐酒而不卒爵或不啐而卒爵各有所宜鄭注甚明舊本多誤此注卒爵嚴徐諸本以卒爲啐前主人獻佐食注不啐宋監本以啐爲卒聘禮注糟醴不卒本或多作不啐其誤並同

但爲待賓尸　陳本通解同毛本但作俱待作拜賓作儐

祝入○主人降　降唐石經徐陳閩葛集釋通解楊氏俱作降監本誤作祭毛本作出

謖或作休　按士虞注云古文謖或爲休此注謖上疑脫古文二字

祝先尸從

訖於廟門　毛本門下有外字徐本無與疏合集釋通解俱有楊氏有外無廟

主人至廟門也　按主人者指前節主人出立于阼階上句也凡儀禮皆以一疏配一注此獨揔三節爲一疏亦變例也然標目既云主人至廟門而疏乃云自此盡廟門論祭祀畢尸出廟之事殊不可解一本移自此句置前注孝子之養禮畢下則標目當改云主人至利成

上祝迎尸於廟門今禮畢　通解要義同毛本無今禮二字

祝反復位于室中

決特牲佐食徹尸俎出廟門者　通解要義同毛本佐作饋

謂食時魚肉不反俎　時要義作時是也毛本作將

今賓尸將更食魚肉 毛本通解賓作儐

司官設對席

大夫禮四人餕 徐本集釋通解同楊氏毛本餕作養

上佐食盥升

不謂東西相當 陳閩通解楊氏同毛本當作對

資黍于羊俎兩端兩下是餕 李氏曰餕當如上下文作養

據二賓長以二佐食爲下 毛本通解以作於

卒食主人洗一爵升○主人荅壹拜 壹唐石經徐本集釋俱作壹注同楊氏經作壹注作一通解敖氏毛本俱作一

大夫餕者賤也 毛本大誤作夫

古文一爲壹也 毛本作壹爲一徐本通解俱作一爲壹與此本標目合集釋與毛本同按經有兩一字一拜徐本作壹拜則所謂古文一爲壹者自指一爵言李氏誤認爲指壹拜言故倒注文耳至毛本經注不相應其誤更不待辨矣

上養親嘏曰

亦上皇尸命工祝嘏主人以黍 亦通解作亦毛本誤作以工陳本通解俱作工毛本誤作二

儀禮注疏卷四十八校勘記終

奉新余成教校

儀禮疏卷第四十九　儀禮卷第十七

唐朝散大夫行大學博士弘文館學士臣賈公彦等撰

有司第十七〔疏〕有司徹第十七○釋曰鄭目録云少牢之下篇也大夫既祭儐尸於堂之禮祭畢禮尸於室中天子諸侯之祭明日而繹有司徹於五禮屬吉禮大戴第九小戴第十二別録少牢下篇第十七○釋曰言大夫既祭儐尸於堂之禮者謂上大夫室內事尸行三獻禮畢別行儐尸於堂之禮又云祭畢禮尸於室中者據下大夫室內事尸行三獻無別行儐尸於堂之事即於室內爲加爵禮尸即下文云若不儐尸以下是也

儀禮　鄭氏注

有司徹　徹室中之饋及祝佐食之俎卿大夫既祭而賓尸禮崇也賓尸則不設饌西北隅以此薦俎之陳有祭象而亦足以厭飫神天子諸侯明日祭於祊而繹春秋傳曰辛巳有事于大廟仲遂卒于垂壬午猶繹是也爾雅曰繹又祭也〔疏〕有司徹○注徹室至祭也○釋曰自此盡如初論徹室內之饋并更整設及溫尸俎之事云徹室中

之饋及祝佐食之俎者室內之饋主於尸饌薦俎黍稷皆名饋下大夫不儐尸餕訖云有司官徹饋饌於室中西北隅彼鄭注云官徹饋者司馬司士舉俎宰夫取敦及豆則此饋內兼數物唯無肵俎肵俎上篇佐食徹之先設於堂下也又言及祝佐食之俎者殊其尊卑爲文祝亦有薦在室內北墉下佐食之俎在兩楹之閒無薦此等見於上篇今徹祝與佐食并爲文者賤者省文之義其實祝薦俎在室內佐食俎在階閒此直云有司不言官下大夫不儐尸云官徹者彼爲更饌西北隅爲陽厭故見官也肵俎亦用儐尸不使有司同時徹者肵俎本爲尸故設之徹之皆不與正俎同時而後設先徹案楚茨詩云諸宰君婦廢徹不遲此不言者彼人君禮故不同也云卿大夫既祭而儐尸禮崇也者此對下大夫不儐尸禮不崇也云以此薦俎之陳有祭象而亦足以厭飫神者對下大夫尸出之後改饌西北隅爲厭飫神今儐尸者雖下設饌西北隅以此薦俎之陳有祭象亦足以厭飫神亦下大夫也云天子諸侯明日祭於祊而繹者欲見天子諸侯尊別日爲之與卿大夫禮異但祊與繹二者俱時爲之故郊特牲云繹之於庫門內祊之於東方失之矣鄭注云祊之禮宜於廟門外之西室繹又於其堂神位在西此二者同時而大名曰繹其祭禮簡而事尸禮大引春秋傳者此宣八年左氏傳辛

已有事于大廟仲遂卒于垂卿佐卒輕于正祭不合廢但繹祭禮輕宜廢而不廢故譏之云壬午猶繹引之者證人君別日爲繹又見二者雖同時而大名繹故孔子書繹不書祊引爾雅者爾雅釋天文彼云周曰繹商曰彤夏曰復胙者復胙日之胙祭殷曰彤者義取彤彤祭不絕周曰繹者取尋繹前祭之事但祊者禮器云爲祊乎外注祊祭明日之繹祭也謂之祊者於廟門之旁因名焉其祭之禮既設祭於室而事尸於堂孝子求神非一處是也此祊是明日又祭故於廟門外若然正祭祊即於廟門內故楚茨詩云祝祭于祊祀事孔明毛傳云祊門内也鄭云孝子不知神之所在故使祝博求之于廟門内之旁待賓客之處祀禮於是甚明是正祭祊在門内也郊特牲云索祭祝于祊不知神之所在於彼乎於此乎或諸遠人乎祭于祊尚曰求諸遠者與亦是祭之明日祊故云求諸遠者但此大夫儐尸同日正祭之牲天子諸侯禮大别日又别牲故牛人云享牛求牛鄭云享獻也獻神之牛謂所以祭者也求終也終事之牛謂所以繹者也是其别牲也

埽堂 爲賓尸新之少儀曰汎埽曰埽埽席前曰拚 疏 埽堂○注爲賓至曰拚○釋曰爲賓尸新之者正祭於堂之時堂亦埽訖今將儐尸又埽之故云爲儐尸新之引少儀者若直埽席前止可云拚今云埽不云拚明

于堂廟汎埽引之見汎埽爲義也**司宮攝酒**更洗益整頓之今文攝爲聶【疏】司宮攝酒○注更洗至爲聶○釋曰鄭云更洗益整頓之者案士冠禮再醮攝酒注云攝猶整也整酒謂撓之此更滌益整頓則此洗當作撓此謂賓尸唯徹室中之饋亦因前正祭之酒更撓攪滌益整新之也**乃爇尸俎**爇溫也溫尸俎於爨所亦溫焉獨言溫尸俎則視與佐食不與賓尸之禮古文爇皆作燖記或作燖春秋傳曰若可燖也亦可寒也【疏】乃爇尸俎○注爇溫至寒也○釋曰知溫尸俎於爨者見下文云卒爇乃升羊豕魚三鼎故知先溫於爨之鑊乃後升之於鼎也所亦溫焉知者案下文載俎所舉在肵肩胳脊脅皆在載於俎明亦溫可知又云獨言溫尸俎則視與佐食不與賓尸之禮者但正祭時尸祝及佐食皆有俎今獨言溫尸俎欲見賓尸時祝與佐食不與而別立侑也云古文爇皆作尋者論語及左傳與此古文皆作尋論語不破至此疊古文不從者彼不破者或古文通用至此見有今作爇有火義故從今文也云記或作燖者案郊特牲云有虞氏之祭也尚用氣血腥爓祭用氣也注云爓或爲燖今此義指彼記或讀之故云記或作燖也引春秋傳者案哀公十二年左傳夏公會吳于橐皐吳子使大宰嚭請尋盟公不欲使子貢對

曰盟所以周信也故心以制之玉帛以奉之言以結之明神以要之寡君以為苟有盟焉弗可改也已若猶可改日盟何益今吾子曰必尋盟若可尋也亦可寒也服注云尋之言重也溫也寒歇也亦可寒而歇之疏鄭引之者證燅尸俎是重溫之義

卒燅乃升羊豕魚三鼎無腊與膚乃設扃鼏陳鼎于門外如初腊為庶羞膚從豕去其鼎者賓尸之禮殺於初如初者如廟門之外東方北面北上今文扃為鉉古文鼏為密疏卒燅至如初○注腊為至為密○釋曰云腊為庶羞者鄭解不燅腊之義案上燅尸俎則皆在其內今升鼎言無腊下載又不見腊體明從庶羞可知云膚從豕去其鼎知者下載體時膚猶在豕鼎不為庶羞可知但正祭時五鼎今二者皆去其鼎故云賓尸之禮殺於初也

乃議侑于賓以異姓議猶擇也擇賓之賢者可以侑尸必用異姓廣敬也是時主人及賓有司已復內位古文侑皆作宥疏乃議至異姓○注議猶至作宥○釋曰自此盡侑荅拜論選侑并迎尸及侑之事云是時主人及賓有司已復內位者下文侑出俟于廟門之外又云主人出迎尸侑言侑即賓之賢者明賓有司主人皆復內位矣若

然知賓主不先在內必知出復內位者上篇云四餕者二佐食二賓長餕訖皆出未見入主人送上餕言退皆有出事今議侑在內故云是時賓主人已復內位也

宗人戒侑戒猶告也南面告於其位戒曰請子爲侑

疏宗人戒侑○注戒猶至爲侑○釋曰知南面告於其位者以賓位在門東北面請以爲侑明面鄉其位可知知賓位在門東北面者下文將獻賓時云主人降南面拜衆賓門東三拜衆賓門東北面皆荅壹拜是也云戒曰請子爲侑者案燕禮公曰命某爲賓射人傳公命當云請子爲賓此處命侑當先云主人曰命某爲侑宗人傳主人辭戒曰請子爲侑鄭以互文約之故云然也

侑出俟于廟門之外俟待也待於次當與尸更入主人與禮事尸極敬心也

疏侑出至之外○注俟待至心也○釋曰云主人與禮事尸極敬心也者正謂立侑以輔尸使出便迎之是極其敬心也

司宮筵于戶西南面爲尸席也又筵于西序東面爲侑席也尸與侑北面于廟門之外西上言與殊尊卑北面者賓尸而尸益卑西上統於賓客

疏注言與至賓客○釋曰云尸益卑者以儐尸之

禮以尸爲賓客當在門西東面北上今執臣道門外北面故云益卑也主人出迎尸宗人擯賓客尸而迎之主人益尊擯贊疏主人至人擯○注賓客至擯贊○釋曰案少牢宿尸視擯此宗人擯者以視不與儐尸故使宗人爲擯也云賓客尸而迎之主人益尊者上篇正祭時主人不迎尸以申尸之尊至此賓客尸而迎之以尸同賓客是主人益尊故也主人拜尸荅拜主人又拜侑侑荅拜主人揖先入門右道尸尸入門左侑從亦左揖乃讓沒霤相揖至階又讓疏注沒霤至又讓○釋曰經直云揖乃讓鄭知沒霤相揖至階又讓者案上篇鄉飲酒之等入門三揖至階又讓故知也主人先升自阼階尸侑升自西階西楹西北面東上東上統於其席疏注東上統於其席○釋曰尸在門外北面西上統於賓客至此升堂亦應西上故决之云東上統於其席以其賓席以東爲上故也主人東楹東北面拜至尸荅拜主人

又拜侑侑荅拜拜至喜之乃舉舉舉鼎也舉者不盥殺也疏乃舉○注舉舉至殺也○釋曰自此盡西枋論門外舉鼎七俎入陳于廟門之事云舉者不盥殺也者決正祭時皆盥訖乃舉鼎此儐尸禮殺舉者不盥故云殺也司馬舉羊鼎司士舉豕鼎舉魚鼎以入陳鼎如初如初如阼階下西面北上疏注如初至北上○釋曰云如初者此如上經正祭時陳鼎之事也雍正執一匕以從雍府執二匕以從司士合執二俎以從司士贊者亦合執二俎以從匕皆加于鼎東枋二俎設于羊鼎西西縮二俎皆設于二鼎西亦西縮雍正羣吏掌辨體名肉物者府其屬凡三匕鼎一匕四俎爲尸侑主人主婦其二俎設于豕鼎魚鼎之西陳之宜具也古文縮皆爲蹙疏注雍正至爲蹙○釋曰云雍正羣吏掌辨體名肉物者案周禮內饔職云掌割亨煎和之事辨體名肉物注云體名脊脅

肩脊臑之屬肉物殽燔之屬此士之雍正所掌亦依之也知
朝俎據尸侑主人主婦者據下文四者皆有俎知之也云陳
之宜具者此四俎當俱陳于鼎之西分二俎陳豕鼎魚
鼎之西者欲使三鼎之西並有俎故云陳之宜具也雍
人合執二俎陳于羊俎西並皆西縮覆二疏
匕于其上皆縮俎西枋並并也其南俎司馬以羞羊匕湆羊肉湆其北俎司士以羞豕匕湆豕肉湆豕脀湆魚疏匕匕柄有刻飾者古文並皆作併疏注並并至作併○釋曰云其南俎司馬以
羞羊匕湆羊肉湆者匕湆謂無肉直汁以其在匕湆也即下
文司馬在羊鼎之東一手執桃匕枋以挹湆注于疏匕是也
云肉湆者直是肉從湆中來賓無汁下文云羊肉湆臑折正
脊一正脅一腸一胃一是也案下文次賓羞羊匕湆司馬羞
羊肉湆此注并云司馬不云次賓者案上經正祭時云司馬
刲羊據此正文没次賓不言其實羞羊匕湆者是次賓也又
云其北俎司士以羞豕匕湆豕肉湆豕脀湆魚者此經陳二
俎以爲益送之俎南俎已是司馬所用於羊湆之等則此北
俎是司士羞豕湆之等若然案下文亦次賓羞豕匕湆司士
羞豕脀此并云司士者亦據上經正文司士擊豕而言實次

賓羞豕匕湆也云疏匕匕柄有刻飾者以其言疏是疏通刻飾之名若禮記云疏屏之類故知柄有刻飾亦通柄刻雲氣以飾也

主人降受宰几尸侑降主人辭尸對几所以坐安體周禮大宰掌贊玉几玉爵〔疏〕注几所至玉爵○釋曰引大宰者證宰授主人几之義宰授几

主人受二手橫執几揖尸獨揖尸几禮主於尸主人升

尸侑升復位位阼階賓階上位〔疏〕注位阼至上位○釋曰鄭言此者主人位常在阼階上其賓位在戶西及在西階上今恐尸復位在戶西以其未得在戶西故言賓階上位也主人西面

左手執几縮之以右袂推拂几三二手橫執

几進授尸于筵前衣袖謂之袂推拂去塵示新尸進二手受

于手閒受從手閒謙也主人退尸還几縮之右手執外

廉北面奠于筵上左之南縮不坐左之者異於鬼神生人陽

長左鬼神陰長右不坐奠之者几輕【疏】主人至不坐○注左之至几輕○釋曰云主人退尸還几縮之者以主人橫執几進授尸時尸二手受於主人手間時亦橫受之將欲縱設於席故還之使縮以右手執几外廉故鄉北面縮設于席也云左之者異於鬼神者謂若上篇以來設神几皆在右爲生人皆左几之等是其生人陽故尚左鬼神陰故尚右也云不坐奠之者几輕者此決下文啐酒坐奠之不言坐是重之此言坐執之故也主人東楹東北面拜拜送几也尸復位尸與侑皆北面荅拜侑拜者從於尸【疏】注侑拜者從於尸○釋曰以主人授几止爲尸故主人拜送其尸獨荅拜今侑亦拜故云從於尸以其立侑以輔尸故侑從尸拜也主人降洗尸侑降尸辭洗主人對卒洗揖主人升尸侑升尸西楹西北面拜洗主人東楹東北面奠爵荅拜降盥尸侑降主人辭尸對卒盥主人揖升尸侑升主人坐取

爵酌獻尸尸北面拜受爵主人東楹東北面拜送爵降盥者爲上汙手不可酌疏主人至送爵○釋曰自此盡與退論主人主婦獻於尸之事云主人降洗尸侑降尸辭洗者案鄉飲酒主人降洗賓降主人辭降賓對此中亦應主人降洗賓降主人辭降主婦自東房薦韭菹醢坐奠于筵前菹在西方婦贊者執昌菹醢以授主婦主婦不興受陪設于南昌在東方興取籩于房麷蕡坐設于豆西當外列麷在東方婦贊者執白黑以授主婦主婦不興受設于初籩之南白在西方興退昌昌本也韭菹醓醢昌本麋臡麷熬麥也蕡熬枲實也白熬稻黑熬黍此皆朝事之豆籩大夫無朝事而用之賓尸亦豐大夫之禮主婦取籩興者以饌異親之當外列辟鉶也退退入房也疏主婦至興退○注昌昌至

房也○釋曰案此上下經主人先獻主婦乃後薦者若正祭則先薦後獻若繹祭則先獻後薦故祭義云君獻尸夫人薦豆鄭注云謂繹日也則此儐尸禮與天子諸侯繹祭同故亦先獻後薦也云昌本已下等物至此皆朝事。豆籩麷蕡白黑形鹽膴鮑魚鱐醢人云朝事之豆韭菹醓醢昌本麋臡菁菹鹿臡茆菹麇臡故鄭注此皆據彼而言又案彼注昌本昌蒲根有骨爲臡無骨爲醢云蕡熬枲實也者案喪服傳云苴者麻之有蕡者也牡麻者枲麻也若然蕡麻有實枲麻無實鄭云蕡枲實者舉其類耳其實枲是雄麻無實若竹器圓曰簞方曰笥鄭注論語亦云簞笥亦是舉其類也白黑之等無正文鄭以形色而言之云大夫無朝事而用之儐尸亦豐大夫之禮者案禮記坐尸於堂子北面而事之注云天子諸侯之祭朝事延尸於戶外是以有北面事尸之禮是特牲少牢正祭無朝事於堂直有室中之事若然大夫雖用天子諸侯朝事之籩豆以其禮殺故八籩八豆之中各取其四耳其韭菹醢者則無骨之醢昌菹醢者即周禮麋臡臡散文亦名醢又案周禮鄭注云齏菹之稱菜肉通全物若䐑爲菹細切爲齏彼昌本不言菹是細切爲齏此云昌菹則大夫以昌本爲菹異於天子諸侯所用也云主婦取籩興者以饌異親之者鄭意以籩豆俱時設而籩不使婦贊者取籩以授主婦者以籩

與豆不同所實又別故主婦宜親就房親取之也

乃升升牲體於俎也【疏】乃升○釋曰自乃升盡于其上論司馬載俎因歷說十一俎之事

司馬朼羊亦司馬載載右體肩臂肫骼臑正脊一脡脊一橫脊一短脅一正脅一代脅一腸一胃一祭肺一載于一俎言鋄尸俎復序體者明所舉肩骼存焉亦著脊脅皆一骨也臑在下者折分之以為肉湆貶也一俎謂司士所設羊鼎西第一俎【疏】注言鋄至一俎○釋曰云言鋄尸俎復序體者明所舉肩骼存焉者上篇少牢載牲體十一脊脅皆加並骨二尸食特舉脊肩骼在於肵俎上文直言鋄尸俎嫌所舉在肵者不在故復序其體所舉肩骼則存焉所舉未知此正俎為在下羊肉湆以本脊脅皆二骨以並今皆一骨故鄭云明所舉肩骼存焉以肩骼一骨前尸所舉今復序之明在可知脊脅雖舉以其二以並今脊脅載一骨在正俎一骨在湆俎故鄭云亦著脊脅皆一骨也以其前所舉者未知在何俎故直注云著脊脅皆一骨不云存耳云一俎謂司士所設羊鼎西第一俎者此俎在俯俎之南故下文注俯俎云羊鼎西

之北俎也鄭君知尸俎在南見羊肉湆俎在豕俎之南羊尊豕卑明尸俎在侑俎之南或解云言第一者最在北故侑俎下注云司士所設羊鼎西之北俎也明北俎在俎之南已下所注俎之次第皆據司士雍人所陳爲次義可知也

羊肉湆臑折正脊一正脅一腸一胃一嚌肺一載于南俎

肉湆肉在汁中者以增俎實爲尸加也必爲臑折上所折分者嚌肺離肺也南俎雍人所設在南者此以下十一俎俟時而載於此歷說之爾今文湆爲汁

〔疏〕羊肉至南俎○注肉湆至爲汁○釋曰云肉湆肉在汁中者以增俎實爲尸加也者以決正祭之鼎直外牲體無湆者以正祭之俎非加今儐尸坍俎實爲尸加故有湆也凡牲體皆出汁不言湆又下豕脀亦出于汁皆不言湆此特得湆名者特牲少牢正祭外牲體於鼎時皆無匕湆故直云外體於俎設於尸前鼎內亦無匕湆外文今此外牲體於尸前匕湆亦外焉故得湆名以其俎實無汁故進羊肉湆必先進羊匕湆然後進羊肉湆見此湆爲肉而有故在羊肉湆前進之使尸嘗之故鄭下注云嚌湆者明湆肉加耳嘗之以其汁尚味是也若然豕亦有匕湆不名肉湆而名豕脀者互見爲文言脀者見在俎無汁言肉湆者見在鼎內時有

汁也若然羊豕互見爲文魚何以不言魚湇而云湇魚者羊無先言肉後言湇使肉前進匕湇明是湇從肉來可知魚前無進匕湇故先言湇以明魚在湇可知魚無匕湇者鄭下注云不羞魚匕湇略小味也羊有正俎羞匕湇肉湇豕無正俎魚無匕湇隆汙之殺云必爲臑折上所折分者上經退臑在下者以折分故退之今此經云臑折即上經所退臑在下者也左右體之臑而必取右體之臑折分用之貴神俎故也若然脊脅二骨亦分一骨爲肉湇者亦是貴神俎故也云此以下十有一俎俟時而載於此歷說之爾者案下文卒升賓長設羊俎於豆南賓降尸升筵唯設此一俎餘十一俎皆未又主人主婦升席時乃設之是其俟時而載今於此已下雖未載因前俎遂歷陳說之耳十一俎者卽尸之羊肉湇一也豕脅俎二也侑之羊俎三也豕俎四也主人羊俎五也羊肉湇俎六也豕脅七也主婦羊俎八也尸侑主人三者皆有魚俎是其十一通尸羊正俎爲十二俎其四俎尸侑主人主婦載羊體俎皆爲正俎其餘八俎雍人所執二俎益送往還故有八其實止二俎也

司士朼豕亦司士載亦右體肩臂肫骼臑正脊一脡脊一橫脊一短脅一正脅一代

脅一膚五嚌肺一載于一俎臑在下者順羊也俎謂雍人所設在北者

〔疏〕司士至一俎○注臑在至北者○釋曰云臑在下者順羊也者以其豕脅不折臑臑亦在下順上文羊臑在下由折分此雖不折順羊故亦在下也豕肉湆所以不折者由豕無正俎皆是肉湆故不順所折也

侑俎羊左肩左肫正脊一脅一腸一胃一切肺一載于一俎侑俎豕左肩折正脊一脅一膚三切肺一載于一俎侑俎用左體侑賤其羊俎過三體有肫尊之加也豕左肩折折分爲長兄弟俎也切肺亦祭肺互言之爾無羊湆下尸也豕又祭肺不嚌肺不備禮俎司士所設羊鼎西之北俎也豕俎與尸同

〔疏〕侑俎至一俎○注侑俎至尸同○釋曰侑俎用左體者案少牢載尸俎皆右體脊脅皆二骨并肺一切肺三尸主人主婦盡用腸三胃三尸正俎用一湆俎用一唯有一在此是以自侑已下及主人主婦皆用左體脊脅若然載尸俎時左體亦同升於鼎上不云者文不具是以前陳俎時皆設于鼎西若不同升鼎則侑主人主婦俎如特牲執事之俎陳

在階閒不應在鼎側也若然特牲執事與主人主婦之俎亦不升鼎彼爲自異於神少牢祝與佐食俎亦不升鼎亦自異於神此自侑已下悉與尸同鼎者以儐尸禮殺卑唯尸尊禮詳侑已下禮器故也云其羊俎過三體有肵尊之加也者鼎俎數奇今體數四故云加若禮緯云禮六十已上籩豆有加是以少牢祝羊豕體各三又下文主人羊肉湆俎體亦三今儐尸之有侑猶正祭之有祝侑四體必知以肵爲加者侑豕俎無肵主人羊肉湆俎亦無肵故知有肵爲加以立侑以輔尸尊之故以肵爲加體也云豕左肩折折分爲長兄弟俎也者以下文設薦俎而注云衆兄弟儀禮文薦脀皆不云折唯兄弟云先生之脀折鄭云先生長兄弟折豕左肩之折是以知義然也云無羊湆下尸也者亦云無羊湆不云肉者以匕湆肉湆皆無故直云無羊湆以包二者皆無此二湆尸皆有侑皆無故云下尸也云豕又祭肺不嚌肺不備禮者上尸羊俎有祭肺豕俎有嚌肺是備禮侑羊俎豕俎皆切肺故曰不備禮也

阼俎羊肺一祭肺一載于一俎羊肉湆臂一脊一脅一腸一胃一嚌肺一載于一俎豕脀臂一脊一脅一膚

三嚌肺一載于一俎阼俎主人俎無體遠下尸也以肺代之肺尊也加羊肉湆而有體崇尸惠亦尊主人臂左臂也侑用肩主人用臂下之也不言左臂者大夫尊空其文也降於侑羊體一而增豕膚三有所屈有所申亦所謂順而摭也阼俎司士所設豕鼎西俎也其湆俎與尸俎同豕俎又與尸豕俎同

【疏】至阼一俎○注阼俎至俎同○釋曰無體遠下尸者尸用右體主人用左體是其相下之義今主人正俎全無牲體故云遠下尸也云以肺代之肺尊也者尸侑一肺今主人一俎有兩肺故知以肺代體肺者氣之主食所先祭尊於腸胃故以肺代體云加羊肉湆而有體崇尸惠亦尊主人者以俎物雖與尸不同者肉湆與尸同至尸酢主人而設之故曰崇尸惠正俎所以不崇尸惠者遠下尸故無正俎遠下則無肉湆者近下尸故侑無羊肉湆注但云下此非直崇尸惠亦見尊主人者侑無羊匕湆無豕匕湆而主人盡有是其尊主人所有者尊見下文受酢致爵時云不言左臂者大夫尊空其文者牲右體貴左體賤侑用左體皆言左肩左肫今主人用左臂直云臂不云左者大夫尊故空其文似若得用右體然必知是左臂者以右臂在尸俎故也云降於侑羊體一而增豕膚三有所屈有所申亦所謂順而摭也者案禮器注云謂若君沐粱大

夫沐稷士沐粱大夫不沐粱屈於君士則申與君同是亦屈申之義故引爲證也云其脀俎與尸俎同豕俎又與尸豕俎同者以其共用益送之俎故知同也

主婦俎羊左臑脊一脅一腸一胃一膚一嚌羊肺一載于一俎無豕體而有膚以主人無羊體不敢備也無祭肺有嚌肺亦下侑也祭肺尊言嚌羊肺者文承膚下嫌也膚在羊肺上則羊豕之體名同相亞也其俎司士所設在魚鼎西者

〔疏〕主婦至一俎○注無豕至西者○釋曰云無豕體而有膚以主人無羊體不敢備也者以主人俎無羊體故主婦俎亦無豕體以主人遠下尸主婦亦遠下尸也云無祭肺有嚌肺亦下侑也祭肺尊者言亦者亦主人下侑也侑用肩主人用臂祭肺尊嚌肺卑侑俎皆祭肺主婦皆嚌肺故云下侑也云嚌羊肺者文承膚下嫌也者肺文承膚下有豕肺之嫌故須辨之云嚌羊肺者以別之也云膚在羊肺上則羊豕之體名同相亞也者羊豕雖異脊脅之等體名則同今豕雖直言膚不言體以豕膚在羊肺之上使繼一羊之體故云相亞若然下文主人獻賓之時司士設俎羊骼一腸一胃一切肺一膚一所以膚又在肺下者彼取用之先後故退膚在下

司士朼魚亦司

士載尸俎五魚横載之侑主人皆一魚亦横載之皆加膴祭于其上横載之者異於牲體彌變於神膴讀如殷哻之哻刳魚時割其腹以爲大臠也可用祭也其俎又與尸豕俎同

疏司士至其上○注横載至俎同○釋曰案上歷說十一俎尸侑主人之下皆次言豕俎魚俎亦是歷說十一俎獨不魚俎於豕俎之下而陳并。於此者欲見魚水物別於正牲又欲見魚獨副賓長獻三故并於此序之云横載之者異於牲體彌變於神者以其牲體皆横載於俎於人爲縮鬼進下生人進腠上篇少牢正祭外體時云下利外豕其載如羊無腸胃體其載于俎皆進下鄭注進下變於食生也所以交於神明不敢以食道敬之至也引鄉飲酒禮進腠羊次其體豕言進下互相見明正祭之時牲體皆横載進下可知至此儐尸事神禮簡儐尸禮隆以尸爲賓客故從生人禮牲體皆進腠横載於俎異於載魚於正祭之時縮載故少牢云司士升魚十有五而俎縮載右首進腴於俎爲縮於尸爲横首向右腹腴向尸鄭注云右首進腴亦變於食生也若生人則亦縮載於人爲横首亦向右進鰭脊向人腹腴向外今儐尸之禮載魚宜亦同生人縮載進鰭今横載於人爲縮不與正祭同又與生人異欲見儐尸之禮異於正祭又不得全與生人同鄭云𩱧變於神者牲體既進腠是已變於神至於魚載又橫於俎是𩱧變於神也云𩱧讀如殷冔之冔者讀從士冠禮郊牲牲周弁殷冔冔覆也可以覆首此亦取魚腹反覆於上以擬祭云其俎又與尸豕俎同者謂上司士所設於豕鼎之西者也

卒升卒巳也巳載尸羊俎

疏卒升○注卒巳至羊俎○釋曰自此盡立于筵末論薦獻於尸之事云卒升者案上有主人酌獻尸主婦薦籩豆又升羊俎進於尸前因歷說十一俎之事今言卒升還計上升羊俎故云卒是以鄭亦云巳載尸羊俎而言之此事從上文獻尸下盡乃卒爵有五節五節者從主人獻酒於尸并主婦設籩豆是其一也賓長設俎二也次賓羞羊燔尸乃卒爵五也

賓長設羊俎于豆南賓降尸升筵自西方坐左執爵右取韭菹擩于三豆祭于豆閒尸取籩蕡宰夫贊者取白黑以授尸尸受兼祭于豆祭賓長上賓

疏賓長至豆祭○注賓長上賓○釋曰上文載羊俎退卒升於十一俎下者欲就此賓長設羊俎

之事故此言賓長設羊俎于豆南賓乃降注云賓長上賓者案下三獻時云上賓洗爵注云上賓長也是以鄭上下交相曉爲一人者也雍人授次賓疏匕與俎受于鼎西左手執俎左廉縮之卻右手執匕枋縮于俎上以東面受于羊鼎之西司馬在羊鼎之東二手執桃匕枋以挹湆注于疏匕若是者三桃謂之歃讀如或舂或抌之抌字或作桃者秦人語也此二匕者皆有淺升狀如飯橾桃長枋可以抒物於器中者注猶寫也今文桃作抌挹皆爲抭【疏】注桃謂至爲抭○釋曰云讀如或舂或抌之抌者讀從詩或舂或抌彼注抌抒臼也云此二匕者皆有淺升狀如飯橾此以漢法況之言淺升（元缺一字）對尋常勺升深此淺耳尸興左執爵右取肺坐祭之祭酒興左執爵肺羊祭肺【疏】注肺羊祭肺○釋曰知羊祭肺者見上載尸羊正俎而云祭肺一故知此羊俎上祭肺其羊肉湆雖有嚌肺一此下經乃升此時未升故知非

嚌肺也○次賓縮執匕俎以升若是以授尸尸卻手授匕枋坐祭嚌之興覆手以授賓賓亦覆手以受縮匕于俎上以降嚌湆者明湆肉加耳嘗之以其汁尚味

疏次賓至以降○注嚌湆至尚味○釋曰云嚌湆者明湆肉加耳嘗之以其汁尚味者此匕湆似大羹案特牲大羹不祭不嚌以不爲神非盛此嚌之者明湆肉加先進其汁而嘗之尚味故也以湆肉加在鼎有汁在俎無汁故以匕進汁是以上注云肉湆肉在汁中者以增俎賓爲尸加是也特牲大羹自門入本不在鼎不調之此肉湆在鼎已調之故云尚味也

尸席末坐啐酒興坐奠爵拜告旨執爵以興主人北面于東楹東荅拜旨美也拜告酒美荅主人意古文曰東楹之東

疏尸席至荅拜○注旨美至之東○釋曰案上篇少牢尸不啐奠不告旨大夫之禮尸彌尊至於儐尸啐酒告旨者異於神奠其尸禮彌儐故也

司馬羞羊肉湆縮執俎尸坐

賔爵興取肺坐絶祭嚌之興反加于俎司馬縮奠俎于羊湆俎南乃載于羊俎卒載俎縮執俎以降絶祭絶肺末以祭周禮曰絶祭湆使次賔肉使司馬大夫禮多崇敬也（疏）司馬至以降。○注絶祭至敬也。○釋曰引周禮者案大祝職辨九祭七曰絶祭注云絶末以祭引之證絶祭與此同也云湆使次賔肉使司馬大夫禮多崇敬也者司馬火官羊又火畜則羊湆與肉皆當司馬載之案上文次賔載湆此經司馬羞肉者以大夫官多各所載其一是以云大夫禮多崇敬也尸坐執爵以興次賔羞羊燔縮執俎縮一燔于俎上鹽在右尸左執爵受燔擩于鹽坐振祭嚌之興加于羊俎賔縮執俎以降燔炙（疏）注燔炙。○釋曰案詩云載燔載烈注云傳火曰燔貫之加于火曰烈烈則炙也彼以燔炙相對則與此云燔炙者燔之傳火亦是炙類故曰燔炙尸降筵北面于西楹西坐卒爵執爵以興坐奠爵拜執爵以興主人北面于東楹東荅拜主人受爵尸升筵立于筵末主人酌獻侑侑西楹西北面拜受爵主人在其右北面荅拜不洗者俱獻閒無事也主人就右者賤不專階（疏）主人至荅拜。注不洗至專階。釋曰自此盡主人荅拜論主人獻侑幷薦俎從獻之事也此節內從獻有三事主人獻時主婦薦籩豆一也司馬羞羊俎二也次賓羞羊燔三也侑降於尸二等無羊匕湆又無肉湆云不洗者俱獻閒無事也者此則以其獻尸訖即獻侑中閒無別酢酬之事故不洗凡爵行爵從尊者來向卑者俱獻閒無事則不洗爵從卑者來向尊雖獻閒無事亦洗是以此文獻尸訖俱獻侑不洗是爵從尊者來故特牲賓致爵於主人洗爵者鄭云洗乃致爵為異事新之以其承佐食賤雖就獻閒以其爵從卑者來故洗之故不復尸鄭注云洗致爵者以承佐食賤新之是爵從卑者來故洗也云主人就右者賤不專階者對主人不就尸階者尸尊得專階故也主婦薦非菹醢坐奠于筵前醢在南方婦贊者執二籩麷蕡以授主婦主婦不興受之奠麷于醢南蕡在麷東主婦入于房醢在南方者立侑爲尸使正饌統焉（疏）注醢在至統焉○釋曰凡設菹常在右便其擩今菹在醢北者以其立侑以輔尸故菹在北統於尸也侑升筵自北方司馬橫執羊俎以升設于豆東侑坐左執爵右取菹擩于醢祭于豆閒又取麷蕡同祭于豆祭興左執爵右取肺坐祭之祭酒興左執爵次賓羞羊燔如尸禮侑降筵自北方北面于西楹西坐卒爵執爵以興坐奠爵拜主人荅拜荅拜拜於侑之右（疏）注荅拜至之右○釋曰知拜於侑之右者以其

前拜爵時尸在侑之右元缺二字尸受侑爵降洗侑降立于西階西東面主人降自阼階辭洗尸坐奠爵于篚興對卒洗主人升尸升自西階主人拜洗尸北面于西楹西坐奠爵荅拜降盥主人降尸辭主人對卒盥主人升尸升坐取爵酌酌者將酳主人

【疏】尸受至爵酳。○注酳者將酳主人。○釋曰自此盡就筵論主人受尸酳并薦籩豆及俎之事就此事中亦有五節行事尊主人故與尸同者尸酳主人時主婦亦設籩豆一也宥長設羊俎二次賓羞羊匕湆三司馬羞肉湆四也次賓羞羊燔主人乃卒爵五也但特牲少牢主人獻尸尸即酳主人主人乃獻祝及佐食此尸待主人獻侑乃酳主人不同者此尸卑達主人之意欲得先進酒於侑乃自飲彼尸尊不達主人欲自達已意故先酳主人乃使主人獻祝與佐食故不同是以下文賓長獻尸致爵主人尸乃酳之遂賓意亦此類也

司宮設席于東序西

面主人東楹東北面拜受爵尸西楹西北面荅拜主婦薦韭菹醓坐奠于筵前菹在北方婦贊者執二籩麷蕡主婦不興受設麷于菹西北蕡在麷西主人升筵自北方主婦入于房設籩于菹西北亦辟銂今文無二籩〈疏〉司宮至于房○注設籩至二籩○釋曰此乃陳主人受酢設席之位案特牲爲士案少牢下大夫皆致爵乃設席此儐尸受酢即設席者以其儐尸尸益卑主人益尊故明一等受酢即設席案上設尸籩云興取籩於房麷蕡注云以饌異親之與此婦贊者執二籩麷蕡主婦不興受文不同者凡執籩豆之法皆兩雙執之此侑與主人皆二籩故主婦與婦贊者各執其二於事便故主婦不興受設之上尸籩豆各四故主婦興取籩豆于房亦見異饌親之義也云設籩于菹西北亦辟銂云亦亦尸籩當豆西者上設侑籩正當豆此在西北明辟銂外列以辟銂故也

長賓設羊俎于豆西主人坐左執爵

祭豆籩如侑之祭興左執爵右取肺坐祭之祭酒興次賓羞匕湆如尸禮席末坐啐酒執爵以興司馬羞羊肉湆縮執俎主人坐奠爵于左興受肺坐絶祭嚌之興反加于湆俎司馬縮奠湆俎于羊俎西乃載之卒載縮執虛俎以降奠爵于左者神惠變於常也言受肺者明有授言虛俎者羊湆俎訖於此虛不復用【疏】注奠爵至復用○釋曰云言虛俎者羊湆俎訖於此虛不復用者此俎雍人所執陳奠於羊俎西在南者自此賓羞匕湆司馬羞羊肉湆於尸次賓又羞匕湆於主人同用此俎三降皆不言虛欲見後將更用至於此言虛俎明其不復用此俎又見下次賓羞羊燔於主人則北之豕俎用北之豕俎而得羞羊燔者以其禮殺故也主人坐取爵以興次賓羞燔主人受如尸禮主人降筵自

北方北面于阼階上坐卒爵執爵以興坐奠爵拜執爵以興尸西楹西荅拜主人坐奠爵于東序南不降奠爵於篚急崇酒〈疏〉主人至序南。注不降至崇酒。釋曰直云次賓羞燔者燔即羊燔知者以其主人與尸侑皆用羊體鄉主婦獻尸以後悉用豕體賓長獻尸後悉用魚從是以知主人之燔羊燔也云不降奠爵于篚急崇酒者此下唯有崇酒之文更無餘事故云急崇酒案鄉飲酒介荅拜主人卒爵坐奠於西楹南介右再拜崇酒注云奠爵西楹南以當獻衆賓與此不同者彼賓有獻衆賓之事故云當獻衆賓亦得見急崇酒爾見之也

侑升尸侑皆北面于西楹西見主人不反位知將與己爲禮

主人北面于東楹東再拜崇酒崇充也拜謝尸侑以酒薄充滿

尸侑皆荅再拜主人及尸侑皆升就筵司宮取爵于篚以授婦贊者于房東以授主婦房東

房戶外〔疏〕司宫至主婦。注房東至之東。釋曰自此盡之東主婦荅拜論主婦亞獻尸并見從獻之事上文主人獻節凡有三爵有主人獻尸獻侑并受酢此主婦獻內凡有四爵即分爲四節解之四者主婦獻尸一也獻侑二也致爵於主人三也受尸酢四也下文賓長爲三獻爵止故與主婦亞獻同此主婦亞獻尸一節之內從獻有五五者主婦亞獻主婦設兩鉶一也主婦又設糗與脩二也次賓羞豕匕湆三也司士羞豕脀四也次賓羞豕燔尸乃卒爵五也

主婦洗于房中出實爵尊南西面拜獻尸尸拜于筵上受尊南西面拜由便也〔疏〕尸拜于筵上受。注尊南至便也。釋曰賓主獻酢無在筵上受法今尸於筵上受者以婦人所獻故尸不與行賓主之禮故不得各就其階若然少牢主人祝拜於席上坐受者注云室內迫狹故拜筵上與此禮異云尊南西面拜由便也者此決下文西面於主人之北拜送爵今酌尊因在尊南西面拜獻尸者便也言便者便其西面授尸故不退主人之北

主婦西面于主人之席北拜送爵入于房取一羊鉶坐奠于韭菹

西主婦贊者執豕鉶以從主婦不興受設于羊鉶之西興入于房取糗與腶脩執以出坐設之糗在蕡西脩在白西興立于主人席北西面飲酒而有鉶者祭之餘鉶無黍稷殺也糗糗餌也腶脩擣肉之脯今文腶爲斷〔疏〕注飲酒至爲斷○釋曰云無黍稷殺也者決正祭時有黍稷故也尸坐左執爵祭糗脩同祭于豆祭以羊鉶之柶挹羊鉶遂以挹豕鉶祭于豆祭祭酒次賓羞豕匕湇如羊匕湇之禮尸坐啐酒左執爵嘗上鉶執爵以興坐奠爵拜主婦荅拜執爵以興司士羞豕脀尸坐奠爵興受如羊肉湇之禮坐取爵興次賓羞

豕燔尸左執爵受燔如羊燔之禮坐卒爵拜主婦荅拜受爵酌獻侑侑拜受爵主婦主人之北西面荅拜酌獻者主婦今文無西面〈疏〉酌獻至荅拜○注酌獻至西面○釋曰同有三等降於尸二等無鉶羹與豕匕湆云三等者主婦酌獻侑主婦羞糗脩一也司士羞豕脀二也次賓羞燔侑乃卒爵三也主婦羞糗脩坐奠糗于麷南脩在蕡南侑坐左執爵取糗脩兼祭于豆祭司士縮執豕脀以升侑興取肺坐祭之司士縮奠豕脀于羊俎之東載于羊俎卒乃縮執俎以降侑興豕脀無湆於侑禮殺〈疏〉主婦至侑興○注豕脀至禮殺○釋曰案上下文尸與侑及主人主婦俎是正俎皆橫執俎以外又橫設於席前若益送之俎皆縮執之又縮於席前今司士所羞豕脀是益送之俎縮執是其常而言縮執者以

其文承上主人獻侑時無羊肉湆故主婦獻侑司士羞豕脀不得相如是以經特著縮執俎見異於正俎諸文特云横執縮執者皆此類次賓羞豕燔侑受如尸禮坐卒爵拜主婦荅拜受爵酌以致于主人主人筵上拜受爵主婦北面于阼階上荅拜主婦易位拜于阼階上辟併敬

疏受爵至荅拜○注主婦至併敬○釋曰自此盡荅拜受爵論主婦致爵於主人之事此科亦有五節行事主婦致爵于主人時主婦設二鉶一也又設糗脩二也豕匕湆三也豕脀四也豕燔主人卒爵五也云主婦易位拜於阼階上辟併敬者前主婦獻尸侑拜送於主人北今致爵於主人拜於阼階上者辟併敬主人與尸侑故易位也若然案特牲三獻爵止乃致爵此未三獻已致爵者以上篇已有獻於尸故此不待三獻又見儐尸禮殺故早致

主婦設二鉶與糗脩如尸禮主人其祭糗脩祭鉶祭酒受豕匕湆拜啐酒皆如尸禮嘗鉶不拜主人如尸禮尊

也其異者不告旨〔疏〕主婦至不拜○注主人至告旨○釋曰云主人拜啐酒嘗鉶不拜若然則啐酒有拜嘗鉶無拜案前主婦獻尸尸坐啐酒左執爵嘗上鉶執爵以興坐奠爵拜拜在嘗鉶之下則嘗鉶有拜坐啐酒不拜與此違者彼拜雖在嘗鉶下其拜仍爲啐酒拜在嘗鉶下者以因坐啐酒不興即嘗鉶嘗鉶訖執爵興坐奠爵拜拜仍爲啐酒是以特牲少牢尸嘗鉶皆不拜或此經啐酒之上無拜文有者衍字也

其受豕脀受豕燔亦如尸禮坐卒爵拜主婦北面荅拜受爵尸降筵受主婦爵以降將酢主婦〔疏〕尸降至以降○注將酢主婦○釋曰自此盡皆就筵論尸酢主婦之事此科內從酢有三三者主婦受酢之時婦贊者設豆籩一也司馬設羊俎二也次賓羞羊燔主婦卒爵三也以其主婦受從與侑同三主人受從與尸同五尊卑差也

主人降侑降主婦入于房主人立于洗東北西面侑東面于西階西南俟尸洗尸易爵于篚盥洗爵易爵者男女不相襲

爵主人揖尸侑將升主人升尸升自西階侑從主人北面立于東楹東侑西楹西北面立俟尸酌尸酌主婦出于房西面拜受爵尸北面于侑東答拜主婦入于房司宮設席于房中南面主婦立于西席設席者主婦尊今文曰南面立于席西疏注設席者主婦尊○釋曰以賓長以下皆無設席之文唯主婦與主人同設席故云主婦尊特牲及下大夫主婦設席亦是主婦尊婦賛者薦韭葅醢坐奠于筵前葅在西方婦人賛者執麷蕡以授婦賛者婦賛者不興受設麷于葅西蕡在麷南婦人賛者宗婦之少者疏注婦人至少者○釋曰案特牲記云宗婦北堂東面北上注云宗婦族人之婦其夫屬于所祭爲子孫者是也彼直云宗婦是特牲宗婦一人而已

不言贊或少未可定此大夫禮隆贊非一人而稱贊贊主婦及長婦故云宗婦之少者主婦升筵司馬設羊俎于豆南主婦坐左執爵右取菹擩于醢祭于豆閒又取麷蕡兼祭于豆祭主婦奠爵興取肺坐絕祭嚌之興加于俎坐挩手祭酒啐酒挩手者于帨帨佩巾內則曰婦人亦左佩紛帨右文帨作說次賓羞羊燔主婦興受燔如主人之禮主婦執爵以出于房西面于主人席北立卒爵執爵拜尸西楹西北面荅拜主婦入立于房尸主人及侑皆就筵出房立卒爵宜鄉尊不坐者變於主人也執爵拜變於男子也疏注出房至子也○釋曰云不坐者變於主人也者上主人受酢坐卒爵故云變於主人也執爵拜變於男子者上下經凡男子拜卒爵皆

奠爵乃拜故云變於男子也上賓洗爵以升酌獻尸尸拜受爵賓西楹西北面拜送爵尸奠爵于薦左賓降上賓賓長也謂之上賓以將獻異之或謂之長賓奠爵爵止也疏上賓至賓降。注上賓至止也。釋曰此一經論賓長備三獻獻尸其尸奠於薦左未舉之事尸不舉者以三獻訖正禮終欲使神惠均於庭徧得獻乃舉之故下文主人獻及衆賓以下訖乃作止爵若然特牲及下大夫尸在室內始行三獻未行致爵尸奠爵欲得神惠均於室此儐尸之禮室內已行三獻至此儐尸夫婦又已行致爵訖儐尸又在堂故爵止者欲得神惠均於庭與正祭者異云上賓賓長者上文云賓長設羊俎是此與上文長賓互見爲一人云謂之上賓以將獻異之者言長賓賓中長尊稱輕若言上賓賓中上尊稱重故以將獻變言上賓云或謂之長賓者或少牢文案彼云長賓洗爵獻于尸此異之稱上賓者少牢尸有父尊屈之故但云長賓耳若然不儐尸亦云長賓特牲云賓三獻如初又不言長賓者士賓卑又闕之云奠爵爵止者特牲云賓三獻如初燔從如初爵止不儐尸者亦然是其爵止之事案下經爵止者多非爲均神惠之事故此特解之

主人降洗觶尸侑降主人奠爵于篚辭尸對卒洗揖尸升侑不升侑不升尸禮益殺不從疏主人至不升○注侑不至不從○釋曰自此盡皆左之論主人酬尸設羞之事云侑不升尸禮益殺者儐尸之禮殺於初今侑不升又殺故云益殺也

主人實觶酬尸東楹東北面坐奠爵拜尸西楹西北面荅拜坐祭遂飲卒爵拜尸荅拜降洗尸降辭主人奠爵于篚對卒洗主人升尸升主人實觶尸拜受爵主人反位荅拜尸北面坐奠爵于薦左降洗者主人疏尸北至薦左○注降洗者主人○釋曰此主人酬尸尸奠於薦左者不舉案下經不舉二人舉觶于尸侑侑奠爵于右注云奠於右者不舉也神惠右不舉變於飲酒與此不同者特牲及下不儐尸皆無酬尸之事此特有之由儐尸如與賓客飲酒無故有酬異於神惠神惠右不

舉侑觶於右是也侑一名加者少牢無侑尸此乃有故無加
稱是以主人酬賓賓觶於左亦是神惠故即舉之特牲及不
儐尸皆有酬賓同是
神惠故皆觶於左也尸侑主人皆升筵乃羞宰夫
羞房中之羞于尸侑主人主婦皆右之司士
羞庶羞于尸侑主人主婦皆左之二羞所以盡
歡心房中之
羞其籩則糗餌粉餈其豆則酏食糝食庶羞羊臐豕膮皆
有胾醢房中之羞內羞也內羞在右陰也庶羞在左陽也疏
注二羞至陽也○釋曰以二羞是內羞房中之羞以儐尸用
之故云盡歡心云房中之羞其籩是周禮籩人職云羞籩之
實案彼鄭注云此二物皆粉稻米黍米所爲也合蒸曰餌餅
之曰餈糗者擣粉熬大豆爲餌餈之粘著以粉之耳餌言糗
餈言粉互相足是也云其豆則酏食糝食者周禮醢人職羞
豆之實案彼鄭云酏餈也內則曰取稻米舉糔溲之小切狼
臅膏以與稻米爲餈又曰糝取牛羊豕之肉三如一小切之
與稻米稻米二肉一合以爲餌煎之是也若然案王制云庶
羞不踰牲注云祭以羊則不以牛肉爲羞依內則羞用三牲
者據得用大牢者若大夫已下不用大牢者則無牛矣而此

引之者舉其成文以曉人耳云庶羞羊臐豕膮皆有胾知者案公食大夫牲皆臛及炙胾今此鄭直云臐胾不言炙者此儐尸飲酒之禮故主人獻尸皆羊燔從當主婦獻皆豕燔從公食大夫是食禮故庶羞並陳此飲酒之禮故先以膳從酬賓之後乃言司士羞庶羞則知止有羊臐豕膮羊胾豕胾以其燔炙前已從獻訖故知止有臐胾而已云房中之羞內羞也者案下大夫不儐尸云乃羞宰夫羞房中之羞司士羞庶羞于尸祝主人主婦內羞在右庶羞在左是也云內羞在右陰也者以其是穀物故云陰也云庶羞在左陽也者以其是牲物故云陽大宗伯亦云天産作陰德地産作陽德鄭亦云天産六牲之屬地産九穀之屬是其穀物陰牲物陽者也

儀禮疏卷第四十九

盧氏宣旬校

大清嘉慶二十年重刊
用宋嚴鍾葛本校

江西督糧道王賡言廣豐縣知縣阿應鱗栞

儀禮注疏卷四十九挍勘記

阮元撰　盧宣旬摘錄

有司徹第十七 唐石經徐本釋文俱無徹字集釋通解俱有陸氏曰本或作有司徹○按此本卷四十九起篇題有徹字他篇注疏引此篇亦多有徹字

釋曰鄭目錄云 按此獨有釋曰二字下文又重出釋曰正與考工記篇題疏同例明鄭目錄乃作疏者所引非鄭氏自引也

大夫既祭 通解要義楊氏同毛本大上有上字按疏下云言大夫既祭儐尸于堂之禮者則無上字明矣釋文引鄭目錄亦無上字此大夫兼上下言之儐尸于堂上大夫也禮尸于室中下大夫也

若下大夫 此本通解要義楊氏俱無此四字集釋毛本有在之禮二字下○按毛本上句既加上字則此句不得不增此四字

無別行儐尸于堂之事 此本要義通解楊氏俱無此句毛本集釋有按此乃賈氏語誤

入

有司徹于五禮屬吉　吉下集釋有禮字

謂上大夫室內事尸　通解要義同毛本內作中

有司徹

卿大夫既祭而賓尸　徐本同毛本賓作儐○按通篇儐尸之儐或作賓或作儐諸本錯互今不悉按據經文作儐則當以儐爲正賓儐或古字通用其作擯者誤

在室內北墉下　通解要義同毛本墉作牖

賤者省文之義　通解要義同毛本義作事

繹之于庫門內　通解要義同毛本庫作廟○按郊特牲是庫字

又于其堂神位在西此二者同時　要義同毛本通解此作北

傳求之于廟門內之旁 于廟陳本要義俱作乎生與楚茨箋合通解作乎廟按乎字似乎因改爲乎并改生爲廟

祀禮于是甚明 陳閩通解同毛本祀作祝

同日正祭之牲 日通解要義俱作用

堉堂

汎堉曰堉 張氏曰釋文云汜芳劒反與禮記同從釋文○按毛本釋文作汜亦誤

司宮攝酒

更洗益整頓之 按疏謂此洗當作撓

整酒謂撓之 毛本撓作橈通解要義楊氏俱從手○按士冠禮注作撓毛本誤

亦因前正祭之酒 通解要義同毛本無亦字

更撓攪添益整新之也通解要義同毛本攪作擾

乃燅尸俎

乃後升之於鼎也通解要義同毛本乃作及

而別立侑也通解要義同毛本立作豆

彼不破者或古文通用論語要義同毛本不破者或作尋者

至此見有今作燅要義同毛本今作人

案哀公十二年左傳通解要義同毛本無公字

卒燅

今文扃爲鉉徐本集釋同通解始誤鉉作錢毛本亦誤從通解

乃議侑于賓

言侑卽賓之賢者明賓有司主人皆復内位矣若然知賓主不先在内必知出復内位者下二十七字毛本脱通解要義俱有

主人送上餞言退通解要義同毛本無上字

宗人戒侑

戒曰張氏曰注曰戒日按疏日作曰從疏○按徐本作曰

知賓位在門東北面者通解要義同毛本無知字

皆荅壹拜要義同毛本通解壹作一

侑出

待於次次徐本楊敖俱作次是也集釋通解毛本俱作外

尸與侑

以儐尸之禮　毛本通解無以字

以尸爲賓客　通解同毛本客誤作各

乃舉

自此盡西枋　陳本要義同毛本枋作[illegible]

雍正執一匕以從○司士合執二俎以從　毛本士誤作事　○匕皆加于鼎　匕鍾本誤作從

羣吏掌辨體名肉物者　辨徐本作辦集釋通解楊氏俱作辨

雍人合執二俎　二聶氏作貳下二疏匕同　○西枋　枋閩監葛本俱誤作[illegible]

並幷也　毛本並作竝徐本釋文集釋通解要義楊氏幷俱作併按併幷今多溷用此注下云古文並皆作併此云並併也是以古文解今文也不得歧出故辨之

主人降受宰几

證宰授主人几之義　通解同毛本證作正

主人升尸侑升

其賓位在戶西　毛本戶作尸下同通解唯末得在尸西作尸徐亦竝作戶

主人退尸還几縮之

尸二手　毛本二作一陳本通解要義俱作二

若上篇　通解要義同毛本上下有一字

不言坐是重之此言坐執之　許宗彥云上句衍不字下句脫不字執乃輕字之訛

主人降洗

爲上汚手不可酌　上徐陳集釋通解楊氏毛本俱誤作士

主婦自東房薦韭菹醓 菹石經補缺誤作苴

韭菹醓醢 毛本醓誤作醢

昌本麋臡 麋徐本作麇釋文集釋通解楊敖俱作麇與醢人合案徐本臡下空一字

賁熬枲實也 釋文無實字

案此上下經 要義同毛本無下字

至此皆朝事豆籩 毛本事下有之字通解有之字無豆字

茆菹麋臡 浦鏜云麋誤麇○按注道昆翻刻岳板周禮亦作麇

苴者麻之有蕡者也 毛本苴誤作菹

細切為虀 通解要義同毛本虀作韲

司馬朼羊○載右體肩臂肫骼臑 骼釋文敖氏俱作胳陸氏曰本亦作骼

折分之以爲肉湆脀也 徐本集釋同通解楊氏毛本脀俱作俎

皆二骨以並 毛本二作上浦鏜云二骨誤上骨

今皆二骨 毛本二作一

今復序之 陳本通解同毛本復作後

羊肉湆臑折

以增俎實爲尸加也 通解要義同毛本無實字

必先進羊匕湆 通解要義同毛本湆下有爲字

豕無正俎魚無匕湆 通解要義同毛本無魚字

云必爲臑折 毛本爲作有

上經退臑在下者 通解同毛本臑作縮

司士枇豕○亦右體肩臂肫胳臑　亦監本作載

豕肉湇所以不折者　湇所二字毛本倒

侑俎○膚三　三楊氏作一周學健云下阼俎注云降于侑羊體一而增豕膚三謂膚三爲增於侑俎似侑俎無膚三也然諸本皆同無可取正存疑於此○按楊氏獨作膚一不知何據

唯有一在此　唯陳閩俱誤作雖

是以少牢祝羊豕體各三　毛本豕誤作尸下侑豕俎無肫豕俎有嚌肺二句並同

阼俎

阼俎主人俎　毛本上俎字誤作階

亦所謂順而撫也　毛本撫作橅徐陳釋文集釋通解楊氏俱作撫按从扌是也

故知以肺代體　通解要義同毛本故知以誤作故以己

以俎物雖與尸不同者通解同毛本與作有

至尸酢主人而設之通解同毛本酢作胙

此非直崇尸惠通解同毛本直作値

見下文受酢致爵時云通解同毛本無時字

似若得用右體通解同毛本右作左

以右臂在尸俎故也通解同毛本在作左

主婦俎

有嚌肺亦下脩也通解同毛本重肺字○按通解與注合

云嚌羊肺者嚌通解作嚌與注合毛本作祭

司士朼魚

皆次言豕俎魚俎陳本通解要義同毛本魚作多○按魚是也

而陳并於此者陳并二字要義倒

生人進腠毛本生誤作主

所以交於神明通解要義同毛本交作變○按交是也

牲體皆進腠通解要義同毛本皆下有自字

謂上司士所設於豕鼎之西者也通解同毛本者作首

卒升

賓長設俎二也此句下通解毛本有次賓羞羊匕湆三也司馬羞肉湆四也十五字此本與要義俱無

賓長設羊俎于豆南

上賓長也 浦鏜云脫一賓字

雍人授次賓疏匕與俎○二手執桃匕枋以挹湆 桃唐石經徐陳通解要義楊氏俱作桃注同釋文集釋敖氏毛本俱作挑盧文弨云注云字或作挑則經文本作桃明矣○按經文自當以桃爲正諸本經文作桃者注中四挑字亦俱作桃注云字或作桃蓋對今文作挑言之盧說未是

讀如或舂或抌之抌 抌集釋通解敖氏並從手下同楊氏作揄注疏本抌誤枕

字或作桃者 毛本桃作挑宋本釋文作桃云本或作抌○按釋文於經作挑於注中此句作桃與盧說相反若依或本作抌則或字指今文言似亦有理

狀如飯槮 槮集釋敖氏俱作操要義作橾疏同宋本釋文作橾今本釋文作操楊氏誤作槮魏氏曰橾當如此槮七消反周學健云操摻經史互譌慄慘等字亦然蓋曹魏時避諱所改其實音義迥別○按方言卷五云臿燕之東北朝鮮洌水之間謂之斛趙魏之間謂之呆然則臿桃橾猶臿斛呆也此橾字當從呆之證也操摻俱从手

橾槮俱从木今本作槮从木此橾字當从木之譌也

可以抒物於器中者徐本釋文集釋通解同毛本楊氏抒作杼盧文弨云杼亦非誤

注猶寫也徐本葉氏集釋通解楊氏同毛本寫作瀉

今文桃作抗毛本桃作挑抗作枕監本唯此桃作桃嚴本唯此抗抗作抗

彼注抗抒臼也抗毛本作枕抒要義作杼

尸興左執爵

故知非嚌肺也通解同毛本肺作味

次賓縮執匕俎以升○尸御手授匕枋授楊敖俱作受張氏曰按經文次第次賓執俎授尸尸御手受以祭復覆手授賓賓亦覆手受以降諸本誤以受爲授周學健云石經亦作授而剜其才旁知受字是也○覆手以授賓授嚴本作受按如張說則嚴本之誤也張氏於此字無辨何也○賓亦覆

手以受　受唐石經徐本集釋通解楊敖俱作受毛本作授

此嚌之者明湇肉加　陳本通解同毛本湇肉二字倒

司馬羞羊肉湇○卒載俎縮執俎以降　周學健云石經載下無俎字○按今本石經載縮二字已壞補缺誤補俎字遂脫縮字周所据猶未壞本也又戴校集釋謂唐石經執下無俎字亦不然

絕肺末以祭　末徐作未張氏曰諸本未作末從諸本

七曰絕祭　通解同毛本曰作日

尸坐執爵以興○賓縮執俎以降　毛本降誤作爵

傅火曰燔　毛本傅作傳通解作傅是也下同

彼以燔炙相對則異　通解同毛本無炙字

尸受侑爵

主婦亦設籩豆　毛本婦誤作人

乃自飲　要義同通解毛本乃作迺

司宮設席于東序

亦辟鉶今文無二籩　下五字毛本脱徐本集釋俱有通解無

此儐尸受酢即設席者　陳本通解要義同毛本酢作酌

長賓設羊俎于豆西○席末坐啐酒　毛本末作未唐石經徐陳閩葛集釋通解楊敖俱作末

次賓又羞匕湇於主人　毛本又作及浦鏜云又誤及

則北之豕俎　毛本作則用此之豕俎通解有用字此作北此句上俱有北之豕俎四字楊氏與毛本無

主人坐取爵以興

此下唯有崇酒之文　下陳閩通解俱作不

與此不同者　毛本此上無與字

司宮取爵于篚

房戶外之東　毛本戶誤作屋

凡有四爵　通解要義同毛本爵作節

主婦設兩鉶　主通解要義俱作主是也毛本誤作三

主婦洗於房中　唐石經徐本集釋通解敖氏同要義楊氏毛本洗下有爵字○按嚴杰云特牲饋食主婦設兩敦節疏引無爵字與石經合

此決下文　通解同毛本決作法

主婦西面于主人之席北○取糗與腶脩 陸氏曰腶本又作段音同

西面 唐石經徐本集釋通解楊敖同毛本作面西

擣肉之脯 陸氏曰擣劉本作搗同

主婦羞糗脩

但是正俎 陳本通解要義同毛本但作俱

以其文承上主人獻侑時 通解要義同毛本時作尸

不得相如 陳監通解要義同毛本相作湝

受爵酌以致于主人

故早致 毛本早誤作畢

主婦設二鉶與糗脩○主人其祭糗脩 其唐石經徐本楊敖俱作共集釋通解毛

本俱作共張氏曰經曰主人其祭糗脩竊疑其者共字之誤上文尸兼祭于豆祭脩同祭于豆祭下文主婦兼祭于豆祭彼得以言兼言同此不得以言共乎今改其為共從上下文兼同之義金日追云其今誤共依唐石經改正按下經云其受豕脀受豕燔亦如尸禮又後經云其綏祭其脀亦如儐其獻祝與二佐食其位其薦脀皆如儐主婦其洗獻于尸亦如儐並可證此經用其字之例然則其改作共是識誤始集解從之非也

○拜啐酒　敖氏無拜字云從疏之所謂或本者○按疏云或此經啐酒之上無拜文有者衍字也或者疑而不定之辭敖氏以為或本非也經文拜疑當作坐

尸降筵　尸字唐石經在上句爵字上顧炎武張爾岐皆云石經誤

此科內從酢有三　此句下要義俱有三者二字通解毛本無

尸酌主婦出于房

南面立於席西　徐本集釋通解同毛本立作尸

主婦升筵

古文帨作說　帨集釋作挩

上賓洗爵以升

此與上文長賓互見爲一人　要義同毛本長賓二字倒

非爲均神惠之事　毛本均作賓○按均是也

主人降洗觶　觶唐石經徐本集釋要義敖氏俱作觶通解楊氏毛本俱作爵石經考文提要云正德嘉靖舊監本尚作觶下同

主人實觶酬尸　觶唐石經徐本集釋敖氏俱作觶通解楊氏毛本俱作爵下實爵同

按下經不舉二人舉觶於尸侑　通解毛本無不舉二字

尸侑主人皆升筵

其籩　要義楊氏同通解毛本籩下有則糗餌粉餈者六字

皆粉稻米黍米所爲也　皆此本作持似誤通解毛本作皆今從之

庶羞不踰牲　通解要義同毛本牲作特○按作牲與王制合

公食大夫是食禮故庶羞並陳　此十二字毛本在皆豕燔從前此下此飲酒之禮故先以燔從十字通解毛本俱無

當主婦獻皆豕燔從　要義同毛本無當字

故云陰也　陰陳閩俱誤作陽

大宗伯亦云　毛本大誤作太

儀禮注疏卷四十九挍勘記終

奉新余成教挍

儀禮疏卷第五十

唐朝散大夫行大學博士弘文館學士臣賈公彥等撰

主人降南面拜衆賓于門東三拜衆賓門東北面皆荅壹拜拜于門東明少南就之也言三拜者衆賓賤旅之也衆賓一拜賤也卿大夫尊賓賤純臣也位在門東古文壹爲一

〈疏〉主人至壹拜○注拜于至爲一○釋曰自此盡賓降論主人獻長賓已下并主人受酢之事云拜于門東明少南就之也者以其繼門言之明少南就之云言三拜者衆賓賤旅之也者案周禮司士職孤卿特揖大夫以其等旅揖注云特揖一一揖之旅衆也大夫爵同者衆揖之此云旅之者旅衆也衆人共得一拜云衆賓一拜賤也者以賤不得備禮故云賤也云純臣也位在門東者此對特牲記云公有司門西北面東上獻次衆賓私臣門東北面西上獻次兄弟此賓皆在門東故云純臣者指北面時也得獻訖在西階下亦不純臣故下經云獻私人于阼階上注云私人家臣已所自謁云獻私人于阼階上注云私人家臣已所自謁除也大夫言私人明不純臣也若然

大夫云私人見不純臣士言私臣不言人者大夫尊近君若言私臣則臣與君不異故名私人士卑無辟君臣之名不嫌故名私臣主人洗爵長賓辭主人奠爵于篚興對卒洗升酌獻賓于西階上長賓升拜受爵主人在其右北面荅拜宰夫自東房薦脯醢醢在西司士設俎于豆北羊骼一腸一胃一切肺一膚一羊骼羊左骼上賓一體賤也薦與設俎者既則俟于西序端右文骼爲胳【疏】注羊骼至爲胳○釋曰云設俎者既則俟于西序端者案鄉飲酒司正升相旅受酬者降席司正退立于序端然則先事既設後事未至其退立之位當在於序端知此不降者下文賓執祭以降宰夫執薦以從司士執俎以從無升文明此不降退立於序端可知賓坐左執爵右取肺。擩于醢祭之執爵興取肺坐祭之祭酒遂飲卒爵執。以興坐奠爵拜執爵以興主人荅拜受爵賓坐取祭以降西面坐委于西階西南成祭於上尊賓也取祭以降反下位也反下位而在西階西南已獻尊之祭脯胏〈疏〉注成祭至脯胏○釋曰云取祭以降反下位也反下位而在西階西南已獻尊之者凡言反位者或反初位或上下位異亦爲反此則初位在門東今得獻反在西階南與主人相對已獻尊之故也若燕禮士得獻位于東方亦是尊之者也云祭脯胏者案經云取脯取胏祭之明祭是脯胏宰夫執薦以從設于祭東司士執俎以從設于薦東衆賓長升拜受爵主人荅拜坐祭立飲卒爵不拜既爵既盡也長賓升者以次第升受獻言衆賓長拜則其餘不拜〈疏〉注既盡至不拜○釋曰云長賓升者以次第升受獻者知不直次上賓後一人爲衆賓長時受獻必以長幼次第受獻者以其下文云宰夫贊主人酌若是以辯鄭云每獻一人奠空爵于棜宰夫酌授於尊南是奠爵故以長幼次第受獻也宰夫

賛主人酌若是以辯主人每獻一人奠空爵于棜宰夫酌授於尊南今文若爲如辯皆爲徧辯受爵其薦脯醢與脀設于其位其位繼上賓而南皆東面其脀體儀也徧獻乃薦畧之亦宰夫薦司士脀片。儀者尊體盡儀度餘骨可用而用之尊者用尊體卑者用卑體而已亦有切肺膚今文儀皆作騰或爲議〈疏〉辯受至儀也○注徧獻至爲議○釋曰即薦謂若燕禮三卿巳上得獻即薦大夫徧獻乃薦亦其類云亦宰夫薦司士脀者此約上賓此衆賓亦同此二人爲之云儀者尊體盡儀度餘骨可用而用之尊者用尊體卑者用卑體而已者以其言儀取尊卑得其儀但尊體既盡就卑體之中度尊卑之儀而用之不可辯其尊體故鄭以意解之尊者用尊體卑者用卑體而已也云亦有切肺膚者案特牲用離肺知此衆賓用切肺膚者以其侑用切肺不敢殊於尸明衆賓亦不敢殊於侑若然不儐尸者亦用切肺者亦是不敢變於儐尸禮也

乃升長賓主人酌酢于長賓西階上北面賓在左主人酌自酢序賓意賓卑不敢酢〈疏〉

乃升至在左。注主人至敢酢。釋曰特牲主人獻長賓訖即酢此亦獻乃酢者主人益尊先自達其意特牲主人獻內賓亦乃自酢注云爵辯乃自酢以初不殊其長也則此大夫尊初則殊其長故也

主人坐奠爵拜執爵以興賓答拜坐祭遂飲卒爵執爵以興坐奠爵拜賓答拜賓降降反位

宰夫洗觶以升主人受酌降酬長賓于西階南北面賓在左主人坐奠爵拜賓答拜坐祭遂飲卒爵拜賓答拜宰夫授主人觶則受其虛爵奠于篚古文酌為爵

【疏】宰夫至答拜。注宰夫至為爵。釋曰自此盡于薦左論主人酬長賓於堂下之事也云宰夫授主人觶則受其虛爵奠于篚者謂上主人受賓之酢爵今宰夫既授觶訖因受取酢之虛爵降奠於篚也知然者上文主人受爵訖賓降主人無降文即云宰夫授觶主人受之明主人手中虛爵宰夫受之奠于篚可知若然知不待酬賓虛觶受之奠於篚者以其下文賓之虛觶奠於薦左故知非賓虛

觶其賓與薦左者後舉之以爲無筭爵也主人洗賓辭主人坐奠爵于篚對卒洗升酌降復位賓拜受爵主人拜送爵賓西西坐奠爵于薦左主人洗升酌獻兄弟于阼階上兄弟之長升拜受爵主人在其右荅拜坐祭立飲不拜既爵皆若是以辯兄弟長幼立飲賤不別大夫之賓尊於兄弟宰夫不贊酌者兄弟以親昵來不以官待之

疏○主人至以辯○注兄弟至待之○釋曰自此盡其衆儀也論主人獻兄弟於阼階之事云兄弟長幼立飲賤不別者案特牲云獻長兄弟于阼階上如賓儀者上耶長兄弟爲貴殊貴賤故云如賓儀長賓坐飲也此大夫禮長賓坐飲衆賓立飲至於大夫貴兄弟賤兄弟長幼皆立飲不得如賓儀故立飲賤不別也云大夫之賓尊於兄弟宰夫不贊酌者兄弟以親昵來不以官待之者決上文大夫賓貴使宰夫贊酌今兄弟酌不使宰夫贊酌者爲兄弟是親昵不以官待之故兄弟雖賤於賓不得使人贊酌而

親之也

辯受爵其位在洗東西面北上升受爵其薦脀設于其位亦辯獻乃薦既云辯矣復言升受爵者爲衆兄弟言也衆兄弟升不拜受爵先著其位於上乃後云薦脀設於其位明位初在是也位不繼於主人而云洗東卑不統於尊此薦脀皆使私人

【疏】辯受至其位。注亦辯至私人。釋曰云既云辯矣復言升受爵者爲衆兄弟言也者以上經云兄弟之長升拜受爵嫌衆兄弟亦升拜受爵是以此更云升受爵直爲衆兄弟不拜受爵而言鄭即云衆兄弟升不拜受爵也若然上賓拜受爵又拜既爵衆賓拜受爵不拜既爵長兄弟得與衆賓同衆兄弟又不拜受爵是其差也云先著其位於上乃後云薦脀設於其位明位初在是者初位謂經云其位在洗東西面北上是先著其位於上乃云升受爵者謂發此位在升堂受爵又云薦脀設於其位者謂受爵時設薦脀於其東西面位是先著其位於上乃後云薦脀設於其位明位初在是也故先云洗東位以此而言則衆賓亦先有位在門東北面繼上賓後獻訖亦薦脀於位皆是先有位不繼於門東而在西階西南者彼謂已獻薦之故也云位不繼於主人而云洗東卑不統於尊者案特牲主人卑故兄弟助祭之位得繼主人於阼階下南陳又得辟夫人不敢自尊也此以大夫尊故兄弟之位在洗東不繼主人卑不統於尊故也云此薦脀皆使私人者上獻賓長及衆賓使宰夫設薦司士設俎又使宰夫贊酌至於此獻兄弟爲親昵不以官待之主人親酌明亦不以官使私人薦脀可知

其先生之脀折脅一膚一先生長兄弟折豕左肩之折疏注先生至之折。釋曰知先生是長兄弟者以其文承長兄弟之下故知先生非老人教學者知折是豕左肩之折者以上初亨牲體明脩俎豕左肩折注云折分爲長兄弟俎是也

其衆儀也主人洗獻內賓于房中南面拜受爵主人南面于其右荅拜內賓姑姊妹及宗婦獻于主婦之席東主人不西面尊不與爲賓主禮也南面於其右主人之位恆左人疏主人至荅拜。注內賓至左人。釋曰自此盡亦有薦脀論主人獻姑姊之等於房中之事知內賓是姑姊妹及宗婦者約特牲記而知也云獻於主婦之席東主人不西面尊不與爲賓主禮也者案特牲獻內兄弟於房中如獻衆兄弟之儀主人西面荅拜此大夫禮主人南面拜故決之不與爲賓主之禮也云南面於其右主人

之位恒左人者謂人在主人左若鄉飲酒鄉射之等於西階上北面主人在東賓在西此南面則主在西賓在東故云恒左人也

坐祭立飲不拜既爵若是以辯亦有薦脀亦設薦脀於其位特牲饋食禮記曰內賓立于房中西墉下東面南上宗婦北堂東面北上〔疏〕坐祭至薦脀○注亦設至北上○釋曰云亦設薦脀於其位者言亦者亦上先生之等引特牲記者欲見內賓設薦之位處

主人降洗升獻私人于阼階上拜于下升受主人荅其長拜乃降坐祭立飲不拜既爵若是以辯宰夫贊主人酬主人於其羣私人不荅拜其位繼兄弟之南亦北上亦有薦脀私人家臣已所自謁除也大夫言私人明不純臣也士言私臣明有君之道北上不敢專其位亦有薦脀初亦北面在衆賓之後爾言繼者以爵既獻爲文凡獻位定〔疏〕主人至薦脀○注私人至位定○釋曰自此盡主人就筵論主人獻

私人之事云私人家臣已所自謁除也者此對公士得君所命者此乃大夫自謁請於君除其課役以補任爲之云大夫言私人明不純臣也者大夫尊近於君故屈已之臣名爲私人云士言私臣明有君之道者士卑不嫌近君故得名屬吏爲私臣也云北上不敢專其位者以其兄弟北上今繼兄弟之南亦北上與兄弟位同故云不敢專其位云兄弟位定者與上衆兄弟云其位在洗東西面北上升受爵其薦脀設于其位注云先著其位於上明位初在是此不先著位於上俱言繼凡獻者是據獻位爲言則未獻時在衆賓後矣案特牲記云私臣位在門東北面是衆賓後也云凡獻位定則是凡獻以前非定位也

主人就筵古文曰升就筵尸作三獻之爵上賓所獻爵不言三獻作之者賓尸而尸益卑可以自舉

疏尸作三獻之爵○注上賓至自舉○釋曰自此盡降實于篚論舉三獻之爵賓長又獻侑并致爵之事云上賓所獻爵者若然三獻是上賓不言上賓而言三獻者以其主人主婦并此賓長備三獻因號上賓爲三獻是以事名官者也云不言三獻作之者對特牲云三獻作止爵故決之下大夫不儐尸自作爵者順上大夫爲文作其爵者以神惠均於庭謂欲使尸飲此酒但此一節之內有四爵行事四者尸作三獻之爵一

也獻侑二也致爵於主人三也受尸酢四也司士羞湆魚縮執俎以升

尸取膴祭祭之祭酒卒爵不羞魚匕湆略小味也羊有正俎羞匕湆肉湆豕無正俎魚無匕湆隆汙之殺〔疏〕注不羞至之殺○釋曰云不羞魚匕湆略小味也者對羊豕牲之大有匕湆之等魚無以魚爲小味故略之也云隆汙之殺者以有者爲隆盛無者爲殺少也司士縮奠俎于

羊俎南橫載于羊俎卒乃縮執俎以降尸奠

爵拜三獻北面荅拜受爵酢獻侑侑拜受三

獻北面荅拜司馬羞湆魚一如尸禮卒爵拜

三獻荅拜受爵司馬羞湆魚變於尸〔疏〕注司馬至於尸○釋曰上文尸使司士羞魚此侑使司馬羞魚故云變於尸也酌致主人主人拜受爵三獻東

楹東北面荅拜賓拜於東楹東以主人拜受於席就之〔疏〕注賓拜至就之○釋曰就

之者賓於禮當在西階上今在東楹之東以主人席在於阼階是以賓拜於東楹東就之也司士羞一湆魚如尸禮卒爵拜三獻荅拜受爵尸降筵受三獻爵酌以酢之既致主人尸乃酢之遂賓意〔疏〕注既致至賓意○釋曰遂賓意者賓雖不言其意欲得與主人抗獻酢之禮今尸見致爵於主人訖即酌以酢賓是遂達賓之意三獻西楹西北面拜受爵尸在其右以授之尸升筵南面荅拜坐祭遂飲卒爵拜尸荅拜執爵以降實于篚二人洗觶升實爵西楹西北面東上坐奠爵拜執爵以興尸侑荅拜坐祭遂飲卒爵執爵以興坐奠爵拜尸侑荅拜皆降三獻而禮小成使二人舉爵序殷勤於尸侑〔疏〕二人至皆降○注三獻至尸侑○釋曰自此盡及私

人論旅酬從尸及上下無不徧之事云三獻而禮小成者以此獻爲正後仍有舉奠加爵之等終備乃是禮之大成故云小成也云使二人舉爵序殷勤於尸侑者飲酒之禮酬與無筭爵乃盡歡心故以旅酬及無筭乃爲殷勤於尸侑也案鄉飲酒及鄉射特牲等皆一人舉觶爲旅酬始二人舉觶爲無筭爵始今儐尸乃以二人爲旅酬始者此儐尸別一禮與彼不同以其初時主人酬尸尸奠之侑未得酬故使二人舉觶侑乃得奠而不舉即與亦奠一爵一爵遂酬於下是以須二人舉觶兄弟之後生者舉觶於其長爲無筭爵者以其賓長所舉奠酬亦爲無筭爵以此二觶者皆在堂下故爲無筭爵尸不與無筭爵故舉堂下觶爲無筭爵其爲旅酬皆從上發尸爲首故特牲等使一人舉觶爲旅酬與賓長所舉薦右之觶此賓不舉旅酬皆從尸舉故所鄉者爲無筭一爵亦是異於特牲

洗升酌反位尸侑皆拜受爵舉觶者皆拜送侑奠觶于右奠于右者不舉也神惠右不舉變於飲酒尸遂執觶以興北面于阼階上酬主人主人在右尸拜於阼階上酬禮殺

〔疏〕注尸拜至禮殺○釋曰決上文

尸酢主人主人東楹東北面拜受爵尸西楹西北面荅拜是各各於其階今尸酬主人同于阼階故云禮殺也坐奠爵拜主人荅拜不祭立飲卒爵不拜既爵酬就于阼階上酬主人言就者主人立待之【疏】注言就至待之○釋曰言立待之者以其不言適阼階上酢主人明主人不去立待之可知主人拜受爵尸拜送酬不奠者急酬侑也【疏】注酬不至侑也○釋曰此決上主人酬賓奠之也尸就筵主人以酬侑于西楹西侑在左坐奠爵拜執爵興侑荅拜不祭立飲卒爵不拜既爵酌復位侑拜受主人拜送言酌復位明受於西階上主人復筵乃升長賓侑酬之如主人之禮遂旅也言升長賓則有贊呼之【疏】注遂旅至呼之○釋曰知者若不贊呼之則當如上文衆賓長升兄弟之長升拜受爵故知有贊呼之也至于

衆賓遂及兄弟亦如之皆飲于上上西階上遂及私人拜受者升受下飲私人之長拜於下升受兄弟之爵下飲之〈疏〉注私人至飲之○釋曰私人位在兄弟之南今言下飲之則私人之長一人在西階下飲之其餘私人皆飲於其位故下經云卒爵升酌以之其位相酬辯是也卒爵升酌以之其位相酬辯其位兄弟南位亦拜受拜送升酌由西階卒飲者實爵于篚未受酬者雖無所旅猶飲〈疏〉卒飲至于篚○注未受至猶飲○釋曰凡旅酬之法皆執觶酒以酬前人前人領受其意乃始自飲此私人未受酬者後雖無人可旅猶自飲之訖乃實爵於篚以其酒是前人所酬不可不飲故也乃羞庶羞于賓兄弟內賓及私人無房中之羞賤也此羞同時羞則酌房中亦旅其始主婦舉酬於內賓遂及宗婦〈疏〉乃羞至私人○注無房至宗婦○釋曰此經論無筭爵時羞庶羞於賓及兄弟之等事云此羞同時羞則酌房中亦旅者旅酬之下云乃羞庶羞內賓羞在私人之上私人得旅酬則房中內賓亦旅可知

兄弟之後生者舉觶于其長後生年少也古文觶皆爲爵延熹中設校書定作觶〔疏〕兄弟至其長○注後生至作觶○釋曰自此盡爵止論後生舉觶於長兄弟主人酬兄弟之事洗升酌降北面立于阼階南長在左坐奠爵拜執爵以興長荅拜長在左辟主人〔疏〕注長在左辟主人○釋曰凡獻酬之法主人常左人若北面則主人在東今長兄弟北面云長在左則在西故辟主人坐祭遂飲卒爵執爵以興坐奠爵拜執爵以興長荅拜洗升酌降長拜受于其位舉爵者東面荅拜爵止拜受荅拜不北面者儐尸禮殺長賓言奠兄弟言止互相發明相待也〔疏〕注拜受至待也○釋曰云儐尸禮殺者案特牲兄弟之後生舉觶於其長爲旅酬又兄弟弟子舉觶於其長爲無筭爵拜送皆北面此云東面決上儐尸禮殺也云長賓言奠兄弟言止互相發明者上文主人酬賓奠爵于薦左是長賓言奠此言爵止是兄弟言止長賓言奠明止

而未行此言止明亦奠薦左故云互相發明也云相待也者酬賓雖在前及其行之相待俱時舉行故下文云賓及兄弟交錯其酬皆遂及私人爵無筭是也若二人舉觶于尸侑侑奠于右不舉尸即酬主人主人酬侑侑酬長賓至于衆賓遂及兄弟遂及私人依次第行徧不交錯所謂旅酬也

賓長獻于尸如初無湑爵不止。如初如其獻侑酢致主人受尸酢也無湑爵不止別不如初者不使兄弟不稱加爵大夫尊也不用觚大夫尊者也

〔疏〕賓長至不止○注如初至者也○釋曰此一經論衆賓長加爲爵數多與上賓異何者上賓獻侑致爵於主人時皆有湑魚從今無湑魚從故經云無湑也云爵不止者上賓獻尸時亦止爵待獻堂下畢乃舉觶今尸不止爵即飲故云爵不止云賓長者賓之長次上賓者非即上賓者以其上賓將獻異之言上賓此不異其文明非上文上賓爲賓長者故以爲次上賓者也經云無湑爵不止文在如初之下不蒙如初之文則知與上異故文在如初下也云不使兄弟不稱加爵大夫尊也者此決特牲云長兄弟爲加爵又衆賓長爲加爵不言獻此言獻者尊大夫若三獻之外更容其獻故云大夫尊也云不用觚大夫尊者此亦決特牲云長兄弟洗觚爲加爵此用爵爵尊於觚故云大夫尊者也

賓一人舉爵于尸如初亦遂之於下一人次賓長者如初如二人洗觶之爲也遂之於下者遂及賓兄弟下至于私人是言亦遂之于下謂上無湆爵不止互相發明【疏】賓一至於下○注一人至發明○釋曰此一經論次賓舉觚于尸更爲旅酬如上旅酬之事但前二人舉觶於尸侑尸舉旅酬從上至下皆徧飲今亦從上至下故云亦遂之於下云上言無湆爵不止互相發明者上經云爵止與上賓與爵云互相發明今此又與上文無湆爵不止相發明是以二文皆在如初之下賓及兄弟交錯其酬皆遂及私人爵無筭筭數也長賓取觶酬兄弟之黨長兄弟取觶酬賓之黨唯已所欲無有次第之數也【疏】賓及至無筭○注筭數至數也○釋曰自此盡有司徹論堂下行無筭爵禮終尸侑出主人送於廟門外之事云長賓取觶者是主人酬賓觶云長兄弟取觶者是兄弟之後生者舉觶于其長之觶也尸出侑從主人送于廟門之外拜尸不顧拜送之【疏】尸出至不顧○注拜送之○釋曰儐尸之禮尸侑賓也故孔子亦云賓不顧矣拜侑與

長賓亦如之衆賓從從者不拜送也司士歸尸侑之俎尸侑尊送其家主人退反於寢也有司徹徹堂上下之薦俎也外賓尸雖堂上婦人不徹

疏有司徹○注徹堂至不徹○釋曰云徹堂上下之薦俎也者案上文堂上有尸侑之薦俎堂下有賓及兄弟之薦俎皆徹之也云外賓尸雖堂上婦人不徹者案特牲云宗婦徹祝豆籩入于房徹主婦薦俎此篇首云有司徹鄭注云徹室中之饋及祝佐食之俎爲將儐尸故使有司徹之下大夫不儐尸改饌饌于西北隅云有司官徹饋饌於室中西北隅至篇末禮終云婦人乃徹注云徹祝之薦及房中薦俎不使有司者下上大夫之禮然則此篇首云有司徹則無婦人也下大夫有司饌陽厭婦人徹之篇末云徹室中之饌注云有司饌之婦人徹之外內相兼禮殺此尸外儐尸亦禮殺嫌婦人亦徹之故云雖堂上婦人不徹婦人必不徹者異於下大夫也堂上儐尸猶如堂內之陽厭故鄭注篇首云賓尸則不設饌西北隅以此薦俎之陳有祭象而亦足以厭飫神是也

若不賓尸不儐尸謂下大夫也其牲物則闕不得備其禮耳舊說云謂大夫有疾病攝昆弟祭曾子問曰攝主不厭祭不旅不假不綏祭不配布奠于賓賓奠

而不舉而此備有似失之矣【疏】若不賓尸○注不賓至之矣○釋曰自此盡牢舉如賓論下大夫不賓尸之事云不賓尸謂下大夫者從尸飲七巳前皆與上大夫賓尸者同巳後則以此視侑續之是儐尸之禮故云不賓尸謂下大夫也云其牲物則同不得備其禮耳者謂不備儐尸禮也引曾子問者破舊說案彼上云若宗子有罪居于他國庶子爲大夫其祭也祝曰孝子某使介子某執其常事攝主不厭祭不旅不假不綏祭不配注云皆辟正主厭厭飫神也厭有陰有陽迎尸之前祝酌奠奠之且饗是陰厭也尸謖之後徹薦俎敦設于西北隅是陽厭也此不厭者不陽厭也不旅不旅酬也假讀爲嘏不嘏不嘏主人也不綏祭謂今主人也又云布奠於賓賓奠而不舉是也云而此備有似失之矣者謂此不賓尸者不厭已下皆有則非如舊說使庶子攝者故云似失之矣

則視侑亦如之謂尸七飯時【疏】則視侑亦如之○注謂尸七飯時○釋曰案上篇尸食七飯告飽祝西面于主人之南獨侑不拜侑曰皇尸未實侑尸也

尸食八飯【疏】尸食○注八飯○釋曰上巳七飯故知此當八飯也

乃盛俎臑臂肫脡脊橫脊短脅代脅皆牢盛者盛於肵俎也此七體

羊豕其脊脅皆取一骨也與所舉正脊幹骼凡十矣肩未舉既舉而俎猶有六體焉

疏

乃盛至皆牢○注盛者至體焉○釋曰案特牲尸食訖乃盛今八飯即盛者大夫禮與士相變若然此先言膞者見從下起不言盛肩者未舉舉乃盛不言骼骼已舉先在俎有可徹不盛俎者更無所用全以歸尸故也云盛者盛於肵俎也者以特牲云盛肵俎俎釋三个故知盛於肵以歸尸故也云此七體羊豕者以其五鼎下有魚腊膚又不升故唯羊豕也云其脊脅皆取一骨也與所舉正脊幹骼凡十矣者案上篇載時皆二骨以並今但盛一骨不云正脊長脅者先舉一骨故不存也凡骨體之數左右合爲二十一體案少牢注云肩臂臑肱骨也膞骼股骨鄉飲酒注前脛骨三肩臂臑也後脛骨二膞骼也又後有髀觳折特牲記云主婦俎觳折注云觳後足也昬禮不數者凡體前貴於後觳賤於臑故數臑不數觳是以不升於鼎又以髀在肫上以竅賤正俎不用又脊有三分一分以爲正脊次中爲疑脊後分爲橫脊脅亦爲三分前分爲代脅次中爲中脅後分爲短脅是其二十一體也云而俎猶有六體焉者謂三脊三脅皆取一骨盛於肵各有一骨體在俎不取以備陽厭也故云而俎猶有六體焉也

魚七

盛半也魚十有五而俎其一已舉必盛半者魚無足翼於牲象脊脅而已

疏

魚七○注盛半至而已○釋曰云魚十有五而俎者案少牢載魚鮒云十有五而俎云其一已舉者謂尸食時已舉其一唯有十四在云必盛半者魚無足翼於牲象脊脅而已者案中候云魚者水精隨流出入得申肰意鄭注引春秋緯璇璣樞曰魚無足翼紂如魚乃討之是也紂雖有臣無益於股肱若魚雖有翼不能飛若然此注云魚無翼者亦從彼文魚雖有翼不能飛云象脊脅者六體十二骨盛六是半魚無足象牲脊脅亦盛半盛半盛半相似數則不同以其牲之脊脅則六魚之半則七也

腊辯無髀亦盛半也所盛者右體也脊屬焉言無髀者云一純而俎嫌有之古文髀作脾

【疏】腊辯無髀○注亦盛至作脾○釋曰云亦盛半者謂除尸舉其餘兩半亦似魚十四盛七為半必知盛半者以其此腊在魚下明盛半與魚同此腊亦盛右體知者以其牲用右故此亦盛右體知脊屬焉者案上篇少牢云腊一純而俎脊不折直為一段代脅長脅短脅各一骨左右三脅脅骨合為六體并脊為七通肩臂等十為十七體與牲體同如腊肩尸食既舉而俎唯有十六在言盛半明脊屬又且凡牲載體者脊皆屬焉下經云乃摭于魚腊俎俎釋三个其餘皆取之明不盡盛可知若然案士虞禮外腊左胖髀不升實于下鼎注云腊亦七體牲之類又特牲記云腊如牲骨鄭注

云不但言體以有一骨二骨者以此言之腊與牲體設骨多少盡同而云腊脊脅皆一骨者以其左右盡升欲使祝及主婦已下俱取於此腊體故下云祝主人之魚腊取于是注云祝主人主婦俎之魚腊取於此者大夫之禮文待神餘也三者各取一魚其腊主人臂主婦臑祝則骼也今若復分一骨二骨則數多於特牲祝以下俎無腊體不升腊右胖故云腊如牲骨與右胖同皆祝俎所不用上篇少牢雖祝俎有腊兩髀屬焉上大夫禮又異於此士虞禮祝以下亦無腊體故鄭注士虞禮腊亦七體牲之類鄭注云凡腊用純者據上下大夫以上祭祀及士之嘉禮士祭禮則腊不用純辟大夫云言無髀者云一純而俎嫌有之者案上篇少牢載腊云一純而俎不云髀不升故此明之而云腊辯無髀也案上篇少牢祝俎云腊兩髀在祝俎不升於鼎不在神俎已自明矣今此更明之者以少牢陳鼎上下大夫皆同今此下大夫不儐尸其祝俎腊骼不云無髀何以明之

卒盛乃舉牢肩尸受振祭嚌之佐食受加于肵卒已佐食取一俎于堂下以入奠于羊俎東不言魚俎東主於尊

疏注不言至於尊○釋曰案少牢云設俎羊在豆

東豕亞其北魚在羊東腊在豕東特膚當俎北端今摭魚腊宜在魚俎東而繼羊俎言之以羊尊爲主也

乃摭于魚腊俎俎釋三个其餘皆取之實于一俎以出

个猶枚也魚摭四枚腊摭五枚其所釋者腊則短脅正脅代脅魚三枚而已古文摭爲摕

疏乃摭至以出○注个猶至爲摕○釋曰知魚摭四枚腊摭五枚者以魚盛半其俎猶有七个在故摭去四枚釋三个腊盛半而俎猶有八體在摭去五枚釋三个皆爲改饌西北隅也云腊則短脅正脅代脅魚三枚而已者以腊右體已盛脊又屬焉唯有左在下文云主人腊臂主婦腊臑祝則骼所釋者故知脅又牲體所釋者是脅脊此腊脊已在盛半限故知所釋唯有三脅耳

祝主人之魚腊取于是

祝主人主婦俎之魚腊取於此者大夫之禮文待神餘也三者各取一魚其腊主人臂主婦臑祝則骼也與此皆於闘側更載焉不言主婦未聞

疏祝主至于是○注祝主至未聞○釋曰案特牲士禮不待神餘故主人主婦祝皆無腊上大夫之祝當有腊俎至於儐尸腊爲庶羞又不載於俎與此異此下大夫待神餘故祝主人主婦皆有腊體也云其腊主人臂主婦臑祝則骼也與者主人用臂主

婦用臑見於下經祝無文而知用骼者其骼無正文故云與以疑之也云此皆於鼎側更載焉者上攄時共在一俎以出及下設時主人主婦及祝各異俎又不同時故知更載俎云鼎側則不復升鼎也云不言主婦未聞者下有主婦俎腊臑則主婦用腊可知此經直云祝主人不云主婦未聞其義或轉寫者脫耳

尸不飯告飽主人拜侑不言尸又三飯凡十一飯士九飯大夫十一飯其餘有十三飯十五飯

〔疏〕尸不至三飯○注凡十至五飯○釋曰上篇士禮九飯少牢上下大夫同十一飯士大夫既不分命數爲尊卑則五等諸侯同十三飯天子十五飯可知

佐食受牢舉如儐舉肺脊主人洗酌酳尸賓羞肝皆如儐禮卒爵主人拜祝受尸爵尸荅拜祝酌授尸尸以醋主人亦如儐其綏祭其嘏亦如儐肝牢肝也綏皆當作挼挼讀爲藏其墮之墮古文爲挼

〔疏〕主人至如儐○釋曰自此盡薦脊皆如賓禮論主人獻尸祝及佐食之事此主人獻有五節主人獻尸一也酢

主人二也獻祝三也獻上佐食四也獻下佐食五也○注肝牢至爲挼○釋曰云綏皆當作挼者案經唯有一綏而云皆者鄭并下佐食綏揔破之故云皆也云讀爲藏其墮之墮者讀從周禮守祧職云既祭則藏其隋必讀從之者義取墮減之事也

其獻祝與二佐食其位其薦脀皆如儐

主婦其洗獻于尸亦如儐自尸侑不飯告飽至此與賓同者在上篇

疏主婦至如儐○注自尸至上篇○釋曰自此盡入于房論主婦亞獻尸及祝并獻二佐食之事此一節之內獻數與主人同唯不受嘏爲異云與儐同者經既云如儐而注復云與儐同者爲事在上篇而發也

主婦反取籩于房中執棗糗坐設之棗在稷南糗在棗南婦贊者執栗脯主婦不興受設之栗在糗東脯在棗東主婦興反位棗饋食之籩糗羞籩之實雜用之下賓尸也栗脯加籩之實也反位反主人之北拜送爵位

疏主婦至反位○釋曰此設籩賓繼在少牢室內西南隅陰

厭神饌也○注棗饋至爵位○釋曰案周禮籩人職云饋食之籩棗㮚桃乾䕩榛實羞籩之實糗餌粉餈又加籩之實蔆芡㮚脯是鄭據籩人職而言也云雜用之下儐尸也者案上儐尸者𩞄蕡白黑糗餌之等朝事之籩羞籩之實各用之而不雜也案上賓尸主婦亞獻尸設籩直有脯脩二籩下大夫之禮主婦亞獻有四籩者賓尸之禮主人獻尸主婦設四籩𩞄蕡白黑故至主婦獻時直設糗餌與脯脩二籩通前四籩六籩此主人初獻如上篇無籩從故至主婦亞獻設四籩猶自少於賓尸兩籩

尸左執爵取棗糗祝取栗脯以授尸尸兼祭于豆祭祭酒啐酒次賓羞牢燔用俎鹽在右尸兼取燔挭于鹽振祭嚌之祝受加于肵卒爵主婦拜祝受尸爵尸荅拜自主婦反籩至受加于肵此異于賓

疏注自主至于賓○釋曰上篇主婦但有獻而已無籩燔從之事此篇首儐尸主婦亞獻尸乃有籩餌之事其物又異唯糗同耳故云此異于儐也上注云自尸侑不飯告飽至此與儐同者在上篇此注云此異于儐者

上注云至此與儐同者皆與儐禮同在上篇故注云至此也此自卒爵下至荅拜與儐同在上篇自祝受加于所以上至主婦反籩儐尸異所得相決鄭所以不在卒爵上注而在尸荅拜下注者取終一事故也祝易爵洗酌授尸尸以醋主婦主婦主人之北拜受爵尸荅拜主婦反位又拜上佐食綏祭如儐卒爵拜尸荅拜主婦夾爵拜爲不賓尸降崇敬今文酢曰酌【疏】注主婦至曰酌○釋曰案特牲主婦獻尸不夾爵拜上篇上大夫賓尸主婦獻尸夾爵拜此下大夫既不賓尸主婦宜與上士妻同今夾爵拜者爲拜賓尸降崇敬故夾爵拜與上大夫同言降謂降賓尸之禮也主婦獻祝其酌如儐拜坐受爵主婦主人之北荅拜自尸卒爵至此亦與賓同者亦在上篇【疏】注自尸至上篇○釋曰經無尸卒爵之文鄭注云尸者以經有卒爵之文多故言尸以別之也宰夫薦棗糗坐設棗于菹西糗在棗南祝左執

爵取棗糗祭于豆祭祭酒啐酒次賓羞燔如

尸禮卒爵内子不薦籩祝賤使官可也自宰夫薦至賓羞燔亦異于賓〔疏〕注内子至于賓

○釋曰案特牲主婦設籩者士妻卑也案上尸與主人籩皆
主婦設之至此祝不使主婦而使宰夫設籩故云祝賤使官
可也案禮記注内子卿妻引春秋趙姬請逆叔隗以爲内子
證卿妻爲内子今此下大夫妻得稱内子者欲見此下大夫
妻於祝不薦籩兼見上大夫妻亦不薦籩故變言内子也或
可散文下大夫妻亦得爲内子也云自宰夫薦至賓羞燔亦
異于賓者少牢主婦獻祝亦無籩燔從一事此有籩燔從者亦異于賓也主人受爵酌獻

二佐食亦如儐主婦受爵以入于房賓長洗

爵獻于尸尸拜受賓户西北面荅拜爵止尸止爵者以三獻禮成欲神惠之均於室中是以奠而待之〔疏〕賓長至爵止○注尸止至待之○釋曰自此盡庶羞
在左論賓長獻尸祝佐食并致爵之事此一節之内凡有十
爵獻尸一也主婦致爵於主人二也主人酢主婦三也尸作

止爵飲訖酢賓長四也賓獻長五也又獻上佐食六也又獻下佐食七也賓致爵於主人八也又致爵于主婦九也賓受主人酢十也云賓戶西北面荅拜者案上少牢正祭賓獻與此篇有賓長獻皆云拜送此特言荅拜者下大夫故也言拜送者禮重云荅拜者禮輕

主婦洗于房中酌致于主人主人拜受主婦戶西北面拜送爵司宮設席拜受乃設席變於士也

〔疏〕主婦至設席○注拜受至士也○釋曰此下大夫夫婦致爵之禮祭統云夫祭有十倫之義七曰見夫婦之別焉又曰尸酢夫人執柄夫人受尸執足夫婦相授受不相襲處酢必易爵彼據夫婦致爵而言又詩既醉序云醉酒飽德謂見十倫之義志意充滿是天子諸侯皆有夫婦致爵之事但少牢上大夫受致不酢下大夫受致又酢不致士受致自致是上大夫尊辟君受致不酢下大夫與士卑不嫌得與人君同夫婦致爵也云拜受乃設席變於士也者案特牲禮未致爵已設席故云異於士其上大夫正祭未致爵至賓尸尸酢主人設席以有尸賓故設席在前也案周禮司几筵云祀先王胙席亦如之鄭注云謂祭祀及王受酢之席彼受酢時已設席與大夫禮異也鄭注周禮司几筵又云后

諸臣致爵乃設席與此禮同者上卑不嫌多與君同故也主婦薦韭菹醓坐設于席前菹在北方婦贊者執棗糗以從主婦不興受設棗于菹北糗在棗西佐食設俎臂脊脅肺皆牢膚三魚一腊臂臂左臂也特牲五體此三者以其牢與腊臂而七牢腊俱臂亦所謂腊如牲體〔疏〕注臂左至牲體○釋曰知是左臂者右臂尸所用故知左臂也云特牲五體此三者以其牢與腊臂而七者以經云臂脊脅皆牢牢謂羊豕也既羊豕臂存脅俱有是六也通腊臂而七是以牲體唯有三也云牢腊俱臂亦所謂腊如牲體者腊如牲體特牲記文案彼云腊如牲骨骨即體也故以體言之以其上腊摭五枚左右臂臑肫胳今主人不用肩而用臂者以其羊豕皆用臂故腊亦用臂是以鄭云腊如牲體但此腊臂直一骨無並故須云腊如牲體也主人左執爵右取菹㨛于醢祭于豆閒遂祭籩奠爵興取牢肺坐絶祭嚌之興加

于俎坐挩手祭酒執爵以興坐卒爵拜無從者變於士也亦所謂順而撫也〔疏〕主人至爵拜○注無從至撫也○釋曰云無從者變於士也者案特牲主婦致爵於主人肵燔並從此無肵燔從故云變於士也主婦荅拜受爵酌以醋戶內北面拜自酢不更爵殺〔疏〕注自酢不更爵殺○釋曰此決上主婦受酢時祝易爵洗酌授尸尸以醋主婦今自酢又不更爵故云殺也主人荅拜卒爵拜主人荅拜主婦以爵入于房尸作止爵祭酒卒爵賓拜祝受爵尸荅拜作止爵乃祭酒亦變於士自爵止至作止爵亦異於賓〔疏〕注作止至於賓○釋曰云作止爵乃祭酒亦變於士者特牲賓三獻如初燔從如初爵止無祭酒之文至三獻作止爵尸卒爵亦無祭酒之文知特牲祭酒訖乃止爵者以經云燔從如初乃云爵止鄭注云初亞獻也亞獻時祭酒訖乃始燔從則三獻燔從如初始云爵止明是祭酒既訖乃始止爵今大夫作止爵乃祭酒故云變於士云自爵止至作止爵亦異於

賓者此篇首賓尸禮賓長獻尸與爵又云尸作三獻之爵不解以爲與賓同云異者賓尸止爵在致爵後其作之在獻私人後欲神惠之均於庭此止爵在主婦致爵前作之在致爵後欲神惠均於室中與特牲繙從如初爵止同少牢上篇所以不致爵者爲賓尸賓尸止爵者欲室中神惠均於庭故止爵也特牲再止爵者一止爵欲神惠均於室中一止爵者順上大夫之禮也祝酌授尸賓拜受爵尸拜送坐祭遂飲卒爵拜尸荅拜獻祝及二佐食洗致爵于主人洗致爵者以承佐食賤新之主人席上拜受爵賓北面荅拜坐祭遂飲卒爵拜賓荅拜受爵酌致爵于主婦主婦北堂司宮設席東面北堂中房以北東面者變於士妻賓尸不變者賓尸禮異矣內子東面則宗婦南面西上內賓自若東面南上

疏注北堂至南上○釋曰云東面者變於士妻者案特牲記宗婦北堂東面北上注云宗婦宜統於主婦主婦南面此東面故云變於士妻云內子東面則宗婦

南面西上者，此無正文，鄭以意解之。何者？宗婦位繼於主婦。今主婦準特牲在宗婦位，易處，則宗婦位亦易處在主婦位南面西上可知。云「內賓自若東面南上」者，亦約特牲記文。

主婦席北東面拜受爵，賓西面答拜。席北東面者，北爲下。

疏 注席北至爲下○釋曰：案特牲宗婦東面北上，今主婦在宗婦之位東面，鄭以北爲下者，若宗婦之衆，則北爲上。今主婦特位立，則依曲禮席東鄉西鄉以南方爲上，因於陰陽，故北爲下。

婦贊者薦韭菹、醢菹在南方。婦人贊者執棗糗，授婦贊者，婦贊者不興，受，設棗于菹南，糗在棗東。婦人贊者，宗婦之弟婦也。今文曰婦也贊者執棗糗授婦贊者不興受。

佐食設俎于豆東，羊臑，豕折，羊脊、脅，祭肺一，膚一，魚一，腊臑。豕折，豕折骨也。不言所折，略之。特牲主婦觳折。豕無脊脅，下主人。羊豕四體與腊臑而五。

疏 注豕折至而五○釋曰：云「豕折，骨也」者，謂不全體，就體骨中折之，故云折骨。云「不言所折，略之」者，謂不言所折骨名是畧之引特牲主婦觳折者證畧而不言骨名其折是觳折也云豕無脊脅下主人者主人於上文有脊脅也云羊豕四體與腊臑而五者上主人牢與腊臂而七此五是其畧也主婦升筵坐左執爵右取菹挭于醢祭之祭籩奠爵興取肺坐絕祭嚌之興加于俎坐挩手祭酒執爵興筵北東面立卒爵拜立飲拜既爵者變於大夫賓荅拜賓受爵易爵于篚洗酌醋于主人戶西北面拜主人荅拜卒爵拜主人荅拜賓以爵降奠于篚自賓及二佐食至此亦異於賓〔疏〕注自賓至於賓○釋曰異者謂賓獻及二佐食以下至此奠于篚異於少牢賓長獻直及祝不及佐食故鄭彼注云不獻佐食將儐尸禮殺是也乃羞宰夫羞房中之羞司士羞庶羞于尸祝主人主婦內羞在右庶

羞在左主人降拜衆賓洗獻衆賓其薦脅其位其酬醋皆如儐禮主人洗獻兄弟與內賓與私人皆如儐禮其位其薦脅皆如儐禮卒乃羞于賓兄弟內賓及私人辯自乃羞至私人之薦脅此亦與儐同者在此篇不儐尸則祝猶侑耳卒巳也乃羞者羞庶羞

疏主人降至人辯○注自乃至庶羞○釋曰此一經論主人獻堂下衆賓兄弟下及私人并房中內賓皆與上大夫禮同之事

賓長獻于尸尸醋獻祝致醋賓以爵降實于篚致謂致爵于主人主婦不言如初者爵不止又不及佐食

疏賓長至于篚○注致謂至佐食○釋曰此經論次賓長獻尸已下之事以其上賓長上已獻尸訖明此是次賓長爲加爵也云不言如初者爵不止又不及佐食者謂不言同上文云賓長獻于尸如初無湑爵不止注云如初如其獻侑酢致主人受尸酢也無湑爵不止別不如初者此文不與彼同者爲經不可如一故鄭注彼此各

市經意

賓兄弟交錯其酬無算爵此亦與儐同者在此篇〔疏〕賓兄至筭爵○注此亦至此篇○釋曰此一經論堂下賓及兄弟行無筭爵之事此堂下兄弟及賓行無筭爵似上大夫無旅酬故鄭云此亦與儐同者在此篇若此經兼有旅酬鄭不得言與儐同案特牲尸在室內亦不與旅酬之事而堂下賓及兄弟行旅酬又使弟子二人舉觶爲無筭爵者下大夫雖無儐尸之禮堂下亦與神靈共尊不敢與人君之禮同既與神靈共尊故闕旅酬直行無筭爵而已特牲堂下得獻之後與神別尊故旅酬無筭爵並皆行之士賤不嫌與君同故得禮備也

利洗爵獻于尸尸酢獻祝祝受祭酒啐酒奠之利獻不及主人殺也此亦異於賓〔疏〕利洗至奠之○注利獻至於賓○釋曰此一經論佐食事尸禮將畢爲加爵獻尸及祝之事云利獻不及主人殺也者此對上文賓長爲加爵及主人此不及主人是殺也又云此亦異於賓者案上少牢無利獻賓三獻尸即止此備首儐尸之禮佐食又不與故無佐食獻故云異也

主人出立于阼階上西面祝出立于西階上東

面祝告于主人曰利成祝入主人降立于阼階東西面尸謖祝前尸從遂出于廟門祝反復位于室中祝命佐食徹尸俎佐食乃出尸俎于廟門外有司受歸之徹阼薦俎自主人出至此與賓雜者也先養徹主人薦俎者變于士特牲饋食禮曰徹阼俎豆籩設于東序下〈疏〉釋曰云自主人出至此與賓雜者也者謂有同者不同故上少牢直云祝告曰利成此云祝告于主人曰利成上少牢云祝入尸謖主人降立于阼階東西面此云祝入主人降立于阼階東西面尸謖彼云祝先此云祝前彼云祝命佐食徹所俎降設于堂下此云祝反復位于室中祝命佐食徹尸俎佐食乃出尸俎于廟門外有司受歸之故云雜云先養徹主人薦俎者變於士者特牲既餕祝命佐食徹阼俎此餕前徹阼薦俎故云變於士引特牲者證徹阼薦俎所置之處也乃養如儐謂上篇自司宮設對席至上餕興出也古文養作餕卒養有司官徹饋饌于室

中西北隅南面如饋之設右几厞用席官徹饋者司馬司士舉俎宰夫取敦及豆此於尸謖改饌當室之白孝子不知神之所在庶其饗之於此所以爲厭飫不令婦人改徹饌敦豆變於始也尚使官也佐食不舉羊豕俎親餕尊也厞隱也古文右作侑厞作茀〔疏〕○卒萅至用席○注官徹至作茀○釋曰自此下盡篇末論餕訖改饌於西北隅爲陽厭之事云官徹饋者司馬司士舉俎者經云官徹則司馬主羊司士主豕明還遣此二人舉俎可知即上經云司馬刲羊司士擊豕是也○云宰夫取敦及豆者以其宰夫多主主婦之事此敦及豆本主婦設之今云官徹明非婦人知是宰夫爲之也是以上文云宰夫羞房中之羞又上主婦獻祝宰夫薦鄭注云內子不薦籩祝賤使官可也以此言之則宰夫代主婦設籩豆及敦可知○云當室之白孝子不知神之所在庶其饗之於此所以爲厭飫者此言雜取曾子問郊特牲祭義之文案曾子問說陽厭之事云當室之白尊于東房鄭云得戶明者也郊特牲云索祭祝于祊不知神之所在於彼乎於此乎尚曰求諸遠者與祭義云勿勿乎其欲饗之是鄭所取陽厭及祊祭求神之事云不令婦人改饌敦豆變於始也尚使官也者此決少牢初設饌主婦薦兩豆宗婦一人贊兩豆主婦

設一敦宗婦贊三敦是其始時婦人設之今使宰夫徹豆敦者尚使官故也 納一尊于室中陽厭殺無玄酒 司宮埽祭埽豆閒之祭舊說云埋之西階東 〔疏〕注埽豆至階東○釋曰引舊說者案曾子問凡幣帛皮圭爲主命埋之階閒此豆閒之祭案舊說埋之西階東以神位在西故近西階是以鄭亦依用也 主人出立于阼階上西面祝執其俎以出立于西階上東面司宮闔牖戶闔牖與戶爲鬼神或者欲幽闇 祝告利成乃執俎以出于廟門外有司受歸之衆賓出主人拜送于廟門外乃反拜送賓者亦拜送其長不言長賓者下大夫無尊賓也 〔疏〕注拜送至賓也○釋曰此決賓尸時尸出侑從主人送於廟門之外拜尸不顧拜侑於長賓亦如之衆賓從鄭注云從者不拜送也言從者不拜送則此云拜送者拜送長可知不言長者下大夫賤無尊賓故不別其長也 婦人乃徹徹祝之薦及房中薦俎不使有司者下上大夫之禮 〔疏〕

注徹祝至之禮○釋曰云不使有司者下上大夫之禮者決上大夫祭畢將儐尸有司徹賓尸禮終亦有司徹今婦人徹故云下上大夫之禮也

徹室中之饌有司饌之婦人徹之外內相兼禮殺〔疏〕注有司至禮殺○釋曰云有司饌之婦人徹之外內相兼禮殺者此徹室中之饌者於上經有司徹饋饌於室中西北隅者今使婦人徹之故云外內相兼外者謂有司官徹饌西北隅內者謂今婦人元缺一字徹饋故云相兼也

儀禮卷第十七○經四千七百九十注三千四百五十六○經共五萬六千一百十五注共七萬九千八百一十

儀禮疏卷第五十

計肆拾柒萬伍阡捌伯肆拾捌字○推忠協謀翊戴佐理功臣特進守司空兼門下侍郎同中書門下平章事昭文館大學士上柱國東平郡國公食邑五千七百戶臣呂蒙正○推忠協謀佐理功臣光祿大夫尚書右僕射兼門下侍郎同中書門下平章事監脩國史上柱國隴西郡開國公食邑三千八百戶臣李沆○朝散大夫守尚書刑部侍郎參知政事柱國瑯琊郡開國侯食邑一千戶食實封四伯戶賜紫

金魚袋臣王旦○朝散大夫給事中參知政事柱國大原縣開國伯食邑八百戶食實封貳伯戶賜紫金魚袋臣王欽若○大宋景德元年六月（元缺一字）日○翰林侍講學士大中大夫守尚書工部侍郎兼國子監祭酒權同句當官院事柱國河閒郡開國侯食邑一千戶食實封四伯戶賜紫金魚袋臣邢昺都校○朝奉郎守國子博士騎都尉臣李慕清再校○南宫（元缺一字）朝請郎中守大理寺丞臣（元缺二字）文再校○朝請大夫尚書虞部郎中崇文院檢討（元缺一字）護軍臣杜鎬校定○朝散大夫行尚書職方員外郎秘閣校理上柱國臣舒雅校定○承奉郎守尚書屯田員外郎直集賢院騎都尉臣李維校定○諸王府侍講承奉郎守尚書屯田員外兼國子監直講賜金魚袋臣孫奭校定○通直郎守太子洗馬國子監直講騎都尉杭州監彫印版臣王煥校定○宣德郎守大理寺丞國子監直講賜緋魚袋臣崔偓佺校定

儀禮疏卷第五十

江西督糧道王賡言廣豐縣知縣阿應鱗栞

泰和盧氏南昌校定

儀禮注疏卷五十挍勘記　阮元撰盧宣旬摘錄

主人降

衆賓一拜　一集釋作壹按經文雖作壹注自從省作一不必與經同也諸本俱作一集釋恐係臆改

古文壹爲一　徐本集釋同毛本古作今按全部注內壹爲一並云古文

亦不純臣　要義同毛本亦作卽

故下經云獻私人于阼階上注云私人家臣已所自謁云獻私人于阼階上注云私人家臣已所自謁除也　自云獻至自謁十八字此本要義俱誤復當從毛本

主人洗爵

司正升相旅　毛本通解旅作依

下文賓執祭以降　陳本通解同毛本賓作實

賓坐左執爵右取肺　肺集釋楊敖俱作脯張氏曰注云祭脯肺疏曰按經云取脯取肺祭之明祭是脯肺今諸本右取脯作肺從注疏石經考文提要云監本作取肺沿唐石經之誤

○卒爵執以興　下執唐石經有爵字敖氏曰執以興似脫一爵字○按敖氏蓋未見唐石經

宰夫執薦以從　唐石經徐本集釋楊敖同毛本通解薦作爵

衆賓長升

是奠爵故以長幼次第受獻也　通解毛本無奠爵故三字

宰夫贊主人酌

辯皆爲徧　徐本集釋通解同毛本爲作作

辯受爵

用儀者尊體盡　徐本楊敖同集釋通解毛本無用字按疏亦無

今文儀皆作騰　毛本作騰作爲曦徐本釋文集釋敖氏俱作作騰通解作爲騰按五經文字九經字樣俱無騰字○按葉抄釋文作騰集韻騰曾羈切度牲體骨也曦字非也

若然不儐尸者　下句亦用切肺者五字毛本無

乃升長賓

主人酌自酢　此句上集釋敖氏俱有言升長賓則有贊者爲之十字按各本俱無未知二家復何所据下旅酬章主人復筵節注云言升長賓則有贊呼之敖氏引注往往彼此移易此或敖氏所增按集釋者轉据敖氏補入非李氏之舊矣敖氏增此刪彼李則於後重出因襲之迹顯然

宰夫洗觶以升主人受酬降　酬要義作爵

奠于篚古文酬爲爵　下五字毛本脫徐本集釋通解俱有與此本標目合

今宰夫既授觶訖　陳本要義同通解毛本授作受

故知非實虛觶　通解要義同毛本非作升

以爲無筭爵也　毛本脫以字

主人洗升

士舉　陳監通解要義同毛本士作十閩本誤作上

長兄弟爲貴　貴要義作賓誤

辯受爵

設薦脀於其東　通解毛本其作洗

而在西階西南者　而陳閩俱作面

上獻賓長及衆賓　陳本通解要義同毛本衆作求○按衆是也

其先生之脊 唐石經徐本集釋通解要義楊敖同毛本無其字

故知先生非老人教學者 非字通解要義俱在先生上

知折是豖左肩之折者 通解要義同毛本無知字○按知字當有

以上初亨牲體 陳監要義同通解毛本亨作享

坐祭立飲

東面南上 毛本面誤作西

主人降洗升獻私人于阼階上 阼石經補缺誤作降

云兄弟位定者 通解毛本兄弟作凡獻

俱言繼凡獻者 通解毛本凡獻作兄弟

是衆賓後也 通解同毛本無後字○按後字當有

尸作三獻之爵

注上賓至自舉　毛本作注上賓所獻爵至可以自舉陳閩監本俱作注上賓至自舉按此因監本司士縮奠俎節有衍文十四字毛本刪去乃於各節標目增多字數以就之自此至乃羞庶羞於賓凡增字者七節陳閩監本俱依常例

論舉三獻之爵　要義同毛本三作主

并致爵之事　毛本并誤作升致陳閩俱作取

司士縮奠俎于羊俎南○侑拜受三獻北面荅拜　此下陳閩監葛通解俱誤複受爵酌獻侑侑拜受三獻北面荅拜十四字石經考文提要云崇正重補監本已刪此十四字○按康熙重脩監本仍有

司士羞一湇魚○受三獻爵酌以酢之　唐石經徐本集釋楊敖同通解毛本無爵

字石經考文提要云正德舊監本尚有爵字案酢唐石經作醋

今尸見致爵於主人訖 通解毛本尸作乃

是遂達賓之意 賓陳閩通解俱作之

二人洗觶

乃爲殷勤於尸侑也 乃要義作爵

故特牲等使一人舉觶 要義同通解毛本一作二

與賓長所舉薦右之觶 要義同通解毛本右作君

尸遂執觶以興

是各各於其階 通解要義同毛本不重各字

主人拜受爵 唐石經無爵字

卒飲者

未受酬者　未集釋敖氏俱作末與單疏疏文合

此私入未受酬者　要義同通解毛本未作末

後雖無入可旅　後通解要義俱作後是也毛本作彼

乃羞庶羞于賓兄弟

其始主婦舉酬於内賓　徐本通解要義同毛本集釋楊氏酬俱作觶

羞庶羞於賓　通解要義同毛本庶下無羞字

兄弟之後生者舉觶于其長　觶張氏從古文作爵按注既云古文觶爲爵則鄭本自從今文作觶張氏識誤務存鄭舊而此條顯與鄭背殊不可解今刪其說而存其異字以備參攷

後生年少也　生下楊氏有者字

古文觶皆爲爵　爲要義作作

延熹中　熹徐本釋文集釋要義俱作熹通解毛本作景盧文弨云延熹漢桓帝年號然此實熹平之誤○今按延熹校書熹平刊石似屬兩事

洗升酌

主人常左人　陳本通解要義同毛本左人作在左

坐祭遂飲卒爵○爵止　止徐本作上誤

此言止明亦奠觶左　左陳閩通解俱作右

賓長獻于尸

賓長者賓之長次上賓者非即上賓也　此本徐本楊氏俱無此十五字集釋通解毛本俱有按疏內述注有之李氏蓋據疏補入唯非即上賓句乃賈氏語非注也通解引疏删非即上賓者五

字蓋亦知爲賈氏語故可刪

上賓獻尸時亦止爵　要義同毛本止作於陳本通解俱誤作並

賓一人舉爵于尸如初　此下陳閩俱有無字葛本有無湑二字皆誤

是言亦遂之于下　徐本集釋楊氏同通解毛本是作故下下有也字

上言無湑爵不止　毛本楊氏同上言二字徐本倒與疏不合通解誤作止言

有司徹

宗婦徹祝豆籩入于房　通解要義同毛本豆籩二字倒○按特牲作豆籩

改饋饌于西北隅　通解要義同毛本于下有室中二字

若不賓尸　賓唐石經作儐石經考文提要云此以下注疏中儐賓雜出然經文儐凡十三見皆作儐不應此獨作賓

不綏祭　陸氏曰綏本亦作隋同

厭厭飫神也　陳本通解要義同毛本上厭字作獻○按曾子問注作厭不作獻

乃盛俎

此七體羊豕　七閩監葛本俱誤作士疏同

更無所用　通解毛本更上有賓尸之禮四字此本與楊氏無

魚七

得申朕意　監本同毛本朕作俟

乃討之　通解同毛本討作紂

腊辯無髀

士虞禮祝以下　毛本以作與

不云無髀　通解同毛本髀作脾陳閩作骼

卒盛乃舉牢肩

卒已　徐本集釋通解同毛本楊氏卒已作舉七

乃撫于魚腊俎

古文撫爲揥　古徐本集釋通解俱作古毛本作今揥徐本作揥毛本作揲葛本集釋俱作揲按宋本釋文亦作揥今本作揲五經文字手部有揥字云之石反見禮經

祝主人之魚腊

主婦用臑　毛本婦誤作八

尸不飯告飽

凡十一飯　一陳閩監葛俱誤作三

士九飯　徐陳集釋通解楊氏同毛本飯作飲

佐食受牢舉如儐　儐石經補缺作賓

主人洗酌酳尸　酳石經補缺閩監葛本俱誤作醑

挼讀爲藏其墮之墮　墮徐本楊氏並作隋與述注合陳本釋文集釋並作隋通解上作隋下作隋毛本作惰按當以釋文爲正

古文爲挼　徐陳集釋通解同毛本挼作接

云讀爲藏其墮之墮者　墮毛本並作惰陳本通解並作隋要義並作隋按唐人書隋字多從心後遂誤爲惰

既祭則藏其隋　陳本通解要義同毛本隋作惰

義取墮減之事也　墮減毛本作惰藏要義作隋減陳本通解俱作隋藏

其獻祝與二佐食

論主婦亞獻尸及祝及要義作并

主婦反取籩于房中

反主人之北拜送爵位送陳閩監葛通解俱作還

尸左執爵

至受加于所徐本同集釋通解毛本至下有祝字

至此與儐同者毛本無同字

儐尸異字通解毛本儐上有與字此句下無所得相決四

祝易爵洗酌授尸授唐石經徐本集釋通解楊敖俱作授鍾本毛本作受

今文酢曰酌徐陳通解同酢曰酌集釋作醋曰酌閩監葛本俱作酌曰酌按曰酌二字諸本俱與疏標

日合毛本作醋曰酢

宰夫薦棗糗

引春秋趙姬請逆叔隗以爲內子通解要義同毛本逆作送

於祝不薦籩不陳閩俱作至

主人受爵酌獻二佐食人陳閩葛本集釋通解楊敖俱作婦石經考文提要云監本沿唐石經之誤此節乃主婦亞獻其獻二佐食與少牢饋食主婦獻二佐食同非主人也

賓長洗爵獻于尸 ○賓户西北面荅拜毛本户作尸唐石經徐陳集釋通解要義楊敖俱作户疏同

主婦洗于房中

上大夫受致不酢下大夫受致又酢陳閩俱脫不酢下大夫受致七字

祀先王胙席亦如之　胙此本通解俱作昨要義毛本作胙今從要義

鄭注云　通解毛本云下有胙讀如酢四字此本要義無

主婦薦韭菹醢

以其牢與腊臂而七　徐本集釋通解楊氏同毛本臂作脅

以其上腊撫五枚　毛本枚作牧浦鏜云枚誤牧

主婦荅拜受爵

尸以醋主婦　通解同毛本醋作酢

酌致爵於主婦

在主婦位南面西上可知　通解同毛本在作則

婦贊者薦韭菹醢

宗婦之弟婦也今文曰婦也贊者執棗糗授婦贊者不興受下十七字毛本脫徐本集釋俱有通解無今文曰婦也五字棗誤作景餘與徐本同

佐食設俎于豆東○祭肺一唐石經無祭字敖氏曰此肺膌羊肺也曰祭者誤衍爾○按此亦敖氏未見唐石經之證

證略而不言骨名毛本證作鄭○按證是也

主婦升筵坐

變於大夫周學健云一本作丈夫此謂主婦故對丈夫而言丈夫則兼尸賓井專指大夫也

易爵于篚

自賓及二佐食至此徐本楊氏同集釋毛本賓下有獻字通解有獻無自

賓長獻于尸

以其上賓長上已獻尸訖　要義通解同毛本楊氏無下上字

賓兄弟交錯其酬　錯陳閩監葛俱誤作醋

似上大夫無旅酬　上通解要義俱作下

案特牲尸在室內　通解要義同毛本尸作只○按尸不誤

士賤不嫌與君同　士陳閩俱誤作事

主人出立于阼階上○尸謖祝前　祝徐本作祀誤

祝命佐食徹阼俎　通解同毛本俎下有者字

乃餕如儐

至上餕興出也　徐本集釋敖氏同通解楊氏毛本上俱作此

卒餕

司士擊豕是之　之要義作也

云當室之白　毛本室誤作設

司宮埽祭

凡幣帛皮圭爲主命　毛本主作王浦鏜云主誤王

祝告利成〇衆賓出　毛本出誤作及

拜侑於長賓　陳閩同毛本於誤作與

拜送長可知　通解楊氏毛本送下有其字

婦人乃徹

下上大夫之禮者　毛本者作有

儀禮注疏卷五十挍勘記終

奉新余成教挍

傳古樓景印